寻城记·成都

Looking for...in Cities ChengDu

一 座 熟 悉 的 陌 生 城 市

田飞 李果 著

商務印書館
The Commercial Press
创于1897

目录

我们降生于此，我们在这里开始了我们的人生之旅。

陌生的城市

　　城市是记忆，是生活，也可能是回忆，是向往，是一些断断续续的碎片。但她终究是令人熟悉的。城市的地图，城市的标志性符号会深入人心。城市甚至会融入血液，但戏剧性的是，有一天你发现这座城市对于你简直太陌生了，带着好奇竟上了瘾似的去找寻这种陌生带来的快感，找寻她你无从知晓的存在。如一次又一次地旅行，不需从长计议，带上自己就出发。就如发现之旅，也有点像考古，总能带给我们一阵阵的狂喜与惊异。空间乱了，时间乱了，线索乱了，我们跌跌撞撞地在陌生的城市中穿行。在收获中锻炼着自己的嗅觉，它似乎已超越常人，异常灵敏，忠实地把我们引向一个又一个新鲜而陌生的地方。

　　渐渐，漫无目的的行走已无法满足我们更加深入好奇的怪癖。游戏一旦开始，就无法戛然而止，我们不得不寻根究底。对于我们是陌生，而那些知情的老人们则在我们好奇的追问下打开了记忆的闸门。儿时的记忆、长辈的述说、耳熟能详的故事，从他们顿时发光的眼睛，沉湎于回忆的幸福表情，你能感知。时光竟这样轻易地回到了从前。但对于面前这座城市又是否能留住曾经呢？我们的发现少有是完整的，似人总是充满了伤痛。她们的年岁都挺老的，或被遗弃，或消失，甚至在很短的时间，城市被定格在现在进行时。现在的规划、现在的建设、现在的人，谁会在乎她的曾经呢？她已被书写进了历史，但终究不会存活，如同恐龙化石和标本。这样比喻也许还不准确，化石和标本是带着血脉被固定的。城市在我们的游戏中更加快了变化的步伐，似与我们捉迷藏，我们追赶着却找不着方向。

二〇〇六年八月于成都

且逍且遥，实号成都

儿时听大人唱歌，除了"东方红"、"红太阳"，入耳最多的要算是"好地方"了。长大后喜游走，也陆续去了不少"好地方"。好地方自有好地方的好，风光好，人淳朴。但当地百姓似乎却不那么认同，每每聊起，嘴里总是嘟囔着，"好个啥呀!……"

印象中，成都这个地名似乎没怎么在"好地方"歌词中出现过。但外出每每自报家门，换来的回应也每每总是三个字"好地方"。成都的好的确让人羡慕。如果抛开人世的功名利禄，剩下的人的欲望，美食、美酒、美景、美色都聚在了成都。这种聚不是掰着手指数来的，更不是为打造逍遥之都而生拉硬扯的凑数，而是来自上天的眷顾，采得一把珠玉撒向了西蜀大地。无人能揽尽川中美景，无人能尝尽蜀中美食，美酒、美色更是早已让蜀人自醉自迷了数千年。

关于蜀地，千余年前，李太白就为其开了篇，"蚕丛及鱼凫，开国何茫然"。蚕丛、鱼凫，再加上柏灌、杜宇、鳖灵，谓之"古蜀五祖"。五祖个个仙化，不是从天坠，水中生，便是羽化飞仙，甚至还带着部族一同仙化。以至于千百年后，张道陵在大邑鹤鸣山上开宗立派，创了道教，蜀地的百姓也乐得逍遥自在。先王们的故事代代相传，"茫然"数千年，直到出了三星堆，出了金沙。那些豕首纵目、宽耳阔鼻、似巫似神、又似王者的古蜀人在世人面前一一得以复活。

古蜀先王教民农桑，治水兴蜀，使蜀地从此水旱从人，不知饥馑。公元前五世纪，古蜀王开明九世徙广都樊乡（今双流）至北边平原，号为"成都"。两千五百年，城址未迁，城名未更，举世所罕见。造物主在赐予蜀地千里沃野的同时，又在其四围立上重重群山，峰峰高峻险绝，自成天堑。北方的秦国垂涎于蜀地的肥美，施金牛小计，诱开了蜀道，荡平了古蜀国。秦人张仪仿长安筑起了成都的第一座城池。成都的肥腴险绝，世人尽知。随后的四百年间，西汉的公孙述、东汉的刘玄德、西晋的李雄、东晋的李寿、谯纵先后在此自立为国。唐末五代时，王建、孟知祥再度建立前蜀、后蜀。明末的义军首领张献忠也学着李自成的样，在成都建了大西国。

李白的"开国何茫然"道出了古蜀的神秘，那诗圣杜甫的"晓看红湿处，花重锦官城"则描绘出了当时成都人世的美好。温软富庶，色彩斑斓。秦蜀守李冰筑都江堰，灌溉三郡，谓之"天府"。西汉设锦官，织造锦帛，谓之"锦城"。文翁始创石室，教化民众，开中国地方官学之先。巴蜀好文雅，始于此。继而又有了司马相如、王褒、严君平、扬雄等名冠天下的巴蜀文宗。西汉后期，成都人口仅次于长安，名列汉"五都"之一。隋朝虽短，蜀王杨秀（隋文帝四子）也掘得"摩诃池"，构筑"散花楼"。李太白曾登楼高叹，"今来一登望，如上九天游"。陆放翁曾游池咏道："摩诃古池苑，一过一销魂"。唐后期的成都，无比的繁华，时称"扬一益二"。仅大圣慈一寺，就筑九十六院，殿阁堂舍八千五百四十二间。壮丽宏阔，天下第一。壁画之盛，天下第一。

五代后蜀皇帝孟昶，喜花好文，不但赐号爱妃"花蕊夫人"，还于城头遍植芙蓉，每至秋日，四十里花开如锦，谓之"芙蓉城"。还集时人词曲五百首，编撰成中国文学史上的第一部词集《花间集》。设立中国最早的宫廷画院翰林图画院。宋太祖攻取成都后，西蜀的翰林画院，以及百余人的宫廷伎乐队一同迁去了汴梁。赵宋王朝华丽细腻的宫廷画风和曲乐肇始于此。没了皇室的华美，成都依然花团锦簇，陆游有诗云："当年走马锦城西，曾为梅花醉似泥。二十里中香不断，青羊宫到浣花溪。"

宋末元初，蒙古军四入成都，烧杀掳掠，人口锐减。元末明初，明玉珍入蜀，改元称帝，后为明朝所灭。明代蜀王历十世十三王，多以治蜀著称，故"川中二百年不被兵革"。然而两百年不识兵革的蜀地百姓却在明王朝的末时见足了滴血的钢刀，遭受了人类历史上最为惨烈的屠戮。曾繁花似锦的天府之国竟绝人迹五六年，唯见草木充塞，麋鹿纵横，市廛闾巷，官署民居，皆不可识。清康熙初年，百万移民相继入川，自为村落，耕垦繁衍，史称"湖广填四川"。经过康、雍、乾三朝，百余年的耕垦营建，成都再度恢复了往昔的繁盛，甚至殊倍于昔。清朝末时，长江上游重镇重庆因开埠通商而迅速崛起，逐渐取代了成都在四川以及在整个西南的地位。

今世成都的美誉度年年攀升，无人不爱。女人爱这里的时尚靓丽，男人爱这里的女人多情。男人女人又都爱这里的佳肴美味，不管是僻街里的苍蝇小馆，还是竹林间的农家小菜，总能道出一种别样的风味：或美食的鲜香，或环境的韵致，或厨娘老板的随性豁达，更或是价钱的美好。若厌倦了尘嚣，你还可徒步穿越四周的险绝群峰、溪谷幽峡，露营于郊野。也可找家植有花果林木的农家小院，喝喝坝坝茶，搓搓老麻将。院中四季花香不同，春有桃，夏有荷，秋有桂，冬有梅。闲散安逸，自得其乐。

《寻城记》，记的是城市的故迹，此乃成都诸多优势中的弱项。数次大起又数次大落的成都城，尤长于建设。当北京、上海、南京、广州、武汉、杭州等大城市尚在为大片老旧城区的改造犯难的时候，成都早在数十年前就已早早地平了溪渠，夷了故城，兴筑起规划整齐的大道和楼宇。剩下的几片保护区、零星的几条街巷老屋也随着大地产时代的到来，或化为了乌有，或改装换颜，幻化成了新的老街，没了旧痕。书中图片，虽为近年所拍摄，但也已成为久远的记忆，切莫按图索骥。

二〇一一年八月于北京

九天开出一成都

　　自秦川、湘鄂、滇黔、青藏入川，必越重重群山，瞿塘剑阁峨嵋邛崃龙门，峰峰高峻险绝，如上青天。但造物主似乎又颇通人世之情，在经连峰绝壁之险后，却把世上最肥美的土地赐在了这万仞之间，使得大诗人李白在历数"蜀道难，难于上青天"的同时，也不得不叹道，"九天开出一成都，万户千门入画图"。

→

古蜀开国·蚕丛及鱼凫，开国何茫然

　　关于古蜀的文字，总是寥寥数言，且多玄秘，如"有鱼偏枯，名曰鱼妇。颛顼死即复苏。风道北来，天乃大水泉，蛇乃化为鱼，是为鱼妇。颛顼死即复苏"、"蜀王之先名蚕丛，后代名曰柏灌，后者名鱼凫。此三代各数百岁，皆神化不死，其民亦颇随王化去"等等，或是中原史官以对四夷惯用的不屑语气所记下的"不晓文字，未有礼乐"。于是两千余年来人们对古蜀的认识，唯有两字——"蒙昧"。直到二十世纪八十年代，两个埋藏着无数宝藏的大坑重见天日，古蜀国，这个曾有着高度文明，堪与古巴比伦、古埃及、古希腊青铜文明相媲美的神秘古国终在尘封了近四千年后，重现尘嚣，为世人所认知。

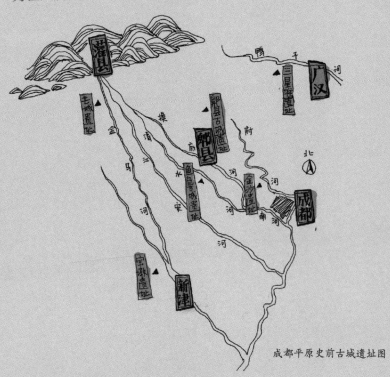

成都平原史前古城遗址图

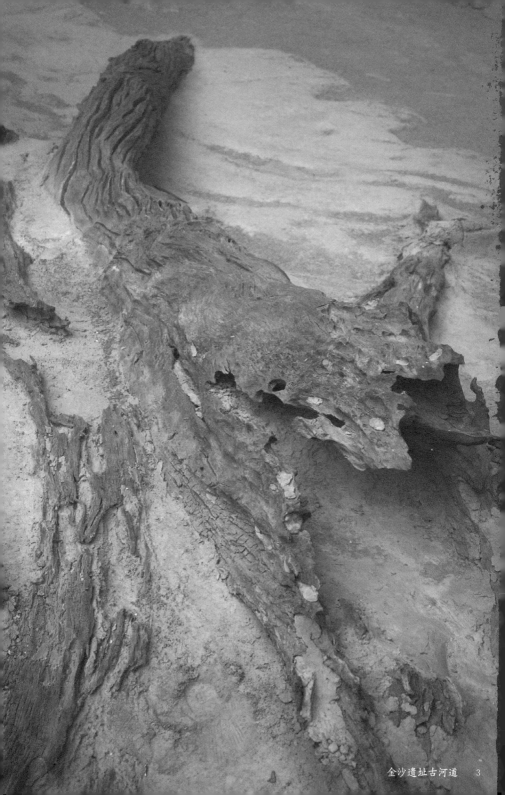

金沙遺址古河道　3

古籍记述神秘莫测，古蜀五祖的名号也起得怪异。蚕丛、柏灌、鱼凫、杜宇、鳖灵，似天地神灵幻化而来。蚕丛，古蜀传说中的第一位王，"其目纵，始称王"。相传早在上古时代，一支来自古康青藏高原的羌氐人几经辗转，迁徙至岷山河谷，他们依山而居，垒石筑穴，以牧猎为生，人称蜀山氏。氏族首领蚕丛拾野蚕抽丝，教民蚕桑。后来为能更好地植桑养蚕，遂率部族从岷山河谷逐渐迁徙至更适于农桑的茂汶盆地。史籍中曾载道："蚕丛氏自立王蜀，教人蚕桑，作金蚕数千头，每岁之首，出金头蚕，以给民一蚕，民所养之蚕必繁孳，罢即归蚕于王，巡境内，所止之处，民则成市。"夏朝末时，帝桀骄奢自恣，暴虐无道，时时以武力讨伐其他部族，其兵锋也曾一度直指远在西蜀的岷山。氏族首领为求得一时太平，不得不效仿有施氏（东夷部族之一），屈膝献上琬、琰二美女。夏桀对二女宠爱有加，甚至将宠妃妹喜（有施氏国君之女）冷落在一旁。据说妹喜由此心生怨恨，与商国交结，里应外合，终使五百年夏王朝宫庙崩圮。

夏商之际，蜀人继续东迁，从茂汶盆地入到广袤的成都平原。在他们进到平原之前，这里已聚集着许多古老部族的村落，有些甚至夯土筑墙，垒了城邑。如宝墩城、芒城、郫县古城、鱼凫城等等。经考古发掘，这些成都平原上最早的开拓者，在数百年间仍沿袭着相对落后的生产方式。直到3700年前，也就是夏王朝覆灭前后，一支具有高度文明的部族进入到成都平原，在征服与融合的过程中，他们在鸭子河畔建立了都邑，形成了无比璀璨的三星堆文明。他们崇鸟敬日，着丝麻制成的衣物，梳着椎型发髻；他们以竹木为骨，草泥竹篱为墙，制成干栏式茅屋；他们以贝为币买卖货物；他们具有高超的青铜铸造技术和玉器加工工艺（三星堆两千余件精美绝伦的青铜面具、雕像、金器、玉器、象牙器等都足以证明昔日的辉煌）；他们拥有广袤的领地，强大的政权，与巴、巫等邻国部族间屡有纷争。中原殷商王朝也不烦劳师西征，"征蜀"、"至蜀有事"等卜辞也出现在了殷墟的龟甲兽骨之上。以至于当年武王伐纣，"蜀师之"。

这是一支同样来自岷江上游、以鸟为图腾的古老氏族，此时的王叫鱼凫，就在蚕丛部式微，各部相互攻伐之机，鱼凫氏趁机起兵，取代了蚕丛、柏灌，成了古蜀国的第三代王。鱼凫氏所创下的高度文明在延续了四五百年后，在距今约三千年前，一场突如其来的变故彻底摧毁了三星堆文明。是外族入侵、内部争权，还是洪水侵袭、大火肆虐……种种谜团，诸多猜测。总之，在那一刻，古蜀王国的中心三星堆宗庙崩塌，都邑焚毁，国民举族外迁。浩荡迁徙之前，人们在故都废墟上掘出两方大坑，分层埋入玉石器、玉璋、金杖、金面罩、铜面具、铜人像、铜树、铜罍、铜尊等已损坏断裂了的祭祀神器，最后覆上象牙，恭敬礼仪一番。曾拥有青铜时代最高文明的古蜀国人由此分为了两支，一支去了中原渭水流域，而另一支则去了成都平原的腹心地带金沙。自定都金沙后，成都城址再未迁移。"城不改址三千载，址不改名二千五"，普天之下独此一城。

"国博"夏商周馆，鼎、鬲、爵、尊、罍等各礼器食器酒器一一罗列，其铸造精致，纹饰繁缛富丽，无不为国宝重器。虽为华夏青铜文明之最高成就，但总不及古巴比伦、古埃及、古希腊的国王祭师女神等雕像，可直入数千年前上古时代的社会。而馆中一隅的三星堆青铜头像和面具，豕首纵目，似巫似神，又似王者，古怪离奇，三千多年前古蜀人的面目一一呈现，而那些流传了数千年的古蜀神话也在今人面前一一复活。

三星堆青铜面具，似巫似神，又似王者，古怪离奇，豕首纵目，三千多年前古蜀人的面目，则一一呈现。

望丛祠·望帝教民农桑，丛帝治水兴蜀

地址：成都郫县县城西南　　　现状：存古蜀望、丛二帝陵及祠庙

都江堰，世之水利奇迹，人类最伟大的工程之一。其缔造者，众所皆知，秦蜀郡郡守李冰。每至清明，蜀地的官吏百姓纷纷云集堰首，锣鼓喧天，幡幢旌旗罗列。主祭官行完二跪六叩首后，再上香、读祝、奠帛、送神、望燎，最后开闸放水，以祭拜造福于蜀地的李冰父子。这一盛大的祭祀活动在蜀延续了数千年，一年一度，世代相传。然而殊不知，早在千余年前，都江堰渠首所立并非二王庙，祀的也非李氏父子，而是古蜀国的两位先贤明主——望帝杜宇、丛帝鳖灵，他们才是治理岷江、构筑都江堰的真正元勋。

杜宇、鳖灵，继蚕丛、柏灌、鱼凫三王后的古蜀国王，二人的出场较之先帝更具神话传奇色彩。相传春秋初时，有一名叫杜宇的男子"从天坠"，一名利的女子"从江源井中出"，二人结为夫妻，杜宇后"自立为蜀王，号曰望帝，治汶山下邑曰郫"。杜宇执政期间体恤百姓，重农耕，自己时常亲率臣民躬耕于田畴，教民务农，深受百姓爱戴，以至于"其山林泽渔，园囿瓜果，四节代熟"。杜宇治下虽物阜民丰，地域广阔，但为洪水所困，久治皆不得法。有一年，一位名叫鳖灵的荆人落入江中，尸首随江水逆流西上，最后漂至郫县境内，刚被乡人打捞上岸，他便复活，还急急赶往王宫与望帝相见。在与鳖灵交谈过程中，杜宇发现这位从大江下游漂来、死而复生的荆人正是他久久寻觅的治水奇才，遂拜他为相，治理洪水。鳖灵领了王命，亲率工匠大役赶赴玉垒山，顺应山水之势执索导渠，决玉垒山以通流，彻底根除了水患。杜宇敬重鳖灵的才干，效法唐尧，将王位禅让给鳖灵，自己则退隐西山。相传杜宇死后，魂化杜鹃，每逢暮春时节，日夜啼叫，以催促农人开始春耕。鳖灵成了古蜀国的新国王，称丛帝，号"开明"，其王朝历时约三百年，前后十二王。

为感念二帝恩德，蜀地百姓在玉垒山麓建望帝祠、丛帝庙，常年祭祀。尤其是清明时节，各地的蜀民更是扶老携幼赶来祭拜，以求风调雨顺、五谷丰登。蜀地百姓世代只拜古蜀先帝的习俗，在后世天子看来则似乎有些不合时宜。于是南朝齐建武年间，望、丛二帝陵庙迁移至郫县，合称"望丛祠"。祠庙旧地改祀同有治水功德的秦蜀郡郡守李冰，以弱化蜀地百姓对先王的崇敬。千年后，当人们再去拜祭都江堰，只知有李冰父子凿离堆，降恶龙，而真正"决玉垒山以除水害"的丛帝鳖灵，反倒偏居一隅，躲到了郫城城郊。

自从决了玉垒山，蜀地从此水旱从人，不知饥馑。开明王朝在拥有良田万顷的同时，也引来了北方秦国的注意。"得其地足以广国"、"取其财足以富民缮兵"、"得蜀则得楚，楚亡则天下并矣"。"先取蜀国"，成为秦国为日后吞并天下而制订的基本国策。古蜀国虽地腴物阜，但入蜀之道却崎岖难行，异常险峻。于是秦惠王命人在秦蜀边境上作石牛五尊，言能粪金。贪婪的开明王听到这个消息，信以为真，竟命五丁力士开道引神牛入蜀。秦惠文继而又施美人计，献上绝色女子，古蜀王再次受骗，又命五丁力士拓坦途迎接美女。公元前316年，秦国大军挥师南下，顺着蜀王辟出的金牛大道，一举荡平了蜀国。蜀国王子安阳王领残部辗转南迁，在今越南北部建立了安阳国。

大佛岩 · 古驿路上的北朝摩崖

地址：龙泉驿区山泉乡大佛岩大佛寺　　现状：辟为龙泉山石刻陈列馆

旧时成都出大东门，有一青石铺就的古驿路。驿路穿山越岭，蜿蜒崎岖，绵延千余里，最后抵达重山重水的重庆府。古道东去，名曰"东大路"。东大路连接川渝两地，车来人往，络绎不绝，途间五里一店，十里一铺，三十里则一大驿，俗称"五驿五镇三街子，七十二铺"，而龙泉驿则是东出成都府后的第一大驿。人车殷繁处多寺院禅林，仅龙泉境内就有柏合、长松、大佛、石经、回龙、桃花、燃灯等诸多寺院。自打成渝两地间有了更为快捷的通衢，东大路随之被废，渐为荒草杂木所湮没，沿途那些古老的场镇街子、佛寺古刹也渐渐少了人气，没了香火。

　　大佛寺，古驿路上一座曾僧众云集、香火鼎盛的佛家净土，始建于唐大历年间，后几经损毁，唯存数间破落不堪的殿堂僧房。山门三楹，柱石楹联、格扇雕花还是旧时的模样，唯殿内原供奉天王护法的基座上摆满了箩筐桶盆等什物。院内左右两列的殿堂僧房被拆去了一半，另一半仍闲置着，说是过去的观音殿。大殿凭山崖而筑，檐下的立柱以红砂石制成，上镌长联，末了罗列出若干捐资者的姓名，共计三十二人。楹联落款既不见知州知府等官名，也不见名流书家的雅号，而是堂堂正正地书上了四个大字"契友佃户"。大殿内散落着好些残缺的石像，观音、仙道、力士、侍者……两壁泥墙用双勾墨线绘满了祥云，殿堂正中的额壁上则以斗笔墨书下"天中天"三方大字，落款为"宣统元年"。额下的大石佛乃千年前的造像，依石崖精雕而成，高约四米。石佛体态丰盈，结跏趺坐于莲台上，只可惜佛头被毁，弥勒石佛的庄严妙相无缘以见。

最后的古东大路　　　　古大佛寺山门　　　　大佛寺石佛殿

大佛寺石佛殿　　　　千年石佛造像

散落大殿中的残缺石像

大殿后凸立一巨石，色泽纹理皆不同于周围山岩，似天外飞落，横空出世般地立于半山腰上，当地乡民也形象地称其为"天落石"。早在一千多年前，当地官吏墨客就以石为壁，刻石造像。唐大历六年（771年），刻《唐三教道场碑》，以倡三教并行，佛道合流；北宋政和二年（1112年），进士宋京刻《宋诗碑》，以纪念北周文王。还有五十余龛百余尊摩崖造像。在这满壁的唐宋题刻造像中，最为久远、最为珍贵的莫过于刻于北周孝闵帝元年，即公元557年的《北周文王碑》，它甚至被专家们认为是长江流域迄今发现最早、保存最为完好的南北朝碑刻。

　　公元553年，曾兴盛一时的萧梁王朝内乱频频，到了即将土崩瓦解的边缘，此时盘踞蜀地的武陵王肖纪趁机在成都称帝，率师东下，直取梁新都江陵。哪知这西魏的宇文泰见川蜀守备空虚，顺势抄了后路，兵分六路进攻四川，轻而易举地取得了成都。556年，宇文泰北巡，不幸染疾身亡。次年，其长子宇文觉废西魏建北周，自立为帝，追尊父亲宇文泰为文王。就在宇文觉登上北周皇位当年，驻防武康郡（今四川简阳一带）的车骑大将军强独乐在商旅络绎的东大路旁为先主宇文泰立《北周文王碑》，碑前筑周文王庙，以颂其功德。

　　文王碑呈青黑色，通高224厘米，宽125厘米，碑首浮雕朱雀及四尊小佛造像，碑额楷书阳刻："北周文王之碑。大周使持节、车骑大将军、仪同三司、大都督、散骑常侍、军都县开国伯强独乐为文王建立佛、道二尊像，树其碑。元年岁次丁丑造。"共5行56字。碑文阴刻，记叙宇文泰生前功绩，共计40行1348字。这方为北周文王宇文泰颂功德的题刻，不仅仅是专家眼中长江流域迄今为止发现最早、保存最为完好的南北朝碑刻，也是史家眼里研究南北朝历史及宇文泰生平的最原始资料，更是书家眼里研究魏碑到楷书过程中汉字字体演变的一方重要碑刻。

　　碑旁凿一大龛，中奉坐像两尊，每尊左右皆数人簇拥侍奉，虽面目损毁，但其发髻衣饰仍保存完好，尚识得真容。右为佛祖释迦牟尼，两侧分立迦叶、阿难二弟子，文殊、普贤二菩萨；左为道祖太上老君，两侧分列侍童、神人。一佛一道，正如文王碑中所记，"为文王建立佛、道二尊像"。

唐三教道场碑

摩崖造像

摩崖造像

摩崖造像

北周文王碑

古东大路旁的摩崖题记

佛道二尊像

13

古寺大殿后的天落石，
千余年来，
　当地官吏墨客以石为壁，刻石造像。
如北周文王碑、唐三教道场碑、宋诗碑等等，
　以及百余尊佛道摩崖造像。

王建墓·五代宫廷二十四伎乐

地址：金牛区永陵路10号　　现状：永陵博物馆，首批全国重点文物保护单位

　　王建墓，按斯文的说法应为"永陵"。只不过中国称永陵者太多，西魏文帝陵、明世宗皇帝陵、大清皇室祖陵都叫"永陵"，再加之蜀地百姓说话向来不喜文绉，直呼其名，妇孺白丁，都易明了。因此直到今日，若在成都街头打听"永陵"，回答多是不知，换问王建墓，无人不晓。

　　王建墓位于成都西门外三洞桥，一丘高约十余米的大土堆，但在六七十年前，人们都称其为"抚琴台"，说是什么司马相如的抚琴处。直到1942年，考古人员打开封土下的墓门，人们才知道这堆荒芜的土丘竟是前蜀开国之君王建的永陵。昔日的永陵占地极广，规制恢宏，仅其地面陵庙建筑所绘彩画就多达五百余堵，陵前神道置石人石兽，高约三米。区内还设有佛寺，以供驻守陵园的僧侣居住。入宋后，天子崇道，全国上下大兴土木之工，修建道教宫观。永陵陵寝前的殿宇庙堂也在宋真宗大中祥符七年（1014年）拆除大半，卸下的柱石栋梁被用于修建当时的著名道观"玉局观"。时人对此次拆建如此记道："未变槐檀，不妨农时，不劳民用。"

王建棺床乃已知历代帝王陵中最精美的一架棺床。棺床为须弥座式，两侧列置半身力士俑十二尊（……注），身裹重甲，作扶抬棺床状。

因长于成都的缘故，打小就去了王建墓，这也是此生入的第一座古代陵墓墓室。但未曾想到，这开眼的首座帝陵，居然囊括了迄今所知帝王陵中的二十多项独一无二和构造之最。唯一一座置墓室于地面的地上陵、唯一一座身处闹市的帝王陵、唯一一尊帝王真容石像、最早经过考古发掘的古代陵寝、最早使用双心圆券拱构筑的大型建筑、最大的地面建筑用砖……安置王建棺椁的棺床无疑是整个陵寝精华之所在，这也是已知历代帝王陵中最精美的一架棺床。棺床为须弥座式，两侧列置半身力士俑十二尊，头顶金盔，身裹重甲，作扶抬棺床状；棺床东、西、南三面浮雕二十四伎乐，其中舞者两人，乐者二十二人，舞者广袖轻纱，衣带飘扬，乐者手持笙鼓，姿态各异，晚唐五代宫廷宴乐场景一一呈现。据说这二十四伎乐还是中国迄今为止所发现的最为完整的唐代宫廷乐队形象。陵寝后室置石制御床，上立王建坐像。石像坐北朝南，正襟端坐，头戴幞头，身着帝袍，腰系玉带，神态安详，是中国目前陵墓中仅见的帝王真容石像。

　　王建，河南省舞阳人氏，早年以屠牛、盗驴、贩私盐为业，后从军。唐朝末年，中原战乱，藩镇割据，王建因护驾有功，被封壁州刺史，在随后的征战中，王建逐渐占据东川、西川四十余州，控制了蜀地。903年，唐昭宗封其为蜀王。四年后，唐王朝被朱温所灭，王建称帝成都，国号大蜀，史称前蜀。王建即帝位后，以保境安民为国策，轻徭薄赋，劝课农桑，兴修水利，使前蜀国力大增，都城成都也堪为当时中国最繁华的大都市。

　　王建去世后，幼子王衍即位。王衍不理朝政，委政于宦官，喜出游民间，巡游诸郡，或大兴土木，修建宫苑，与狎客宫伎日夜酣饮作乐。这前蜀后主王衍与那南唐后主李煜同为善文辞之人，所著《烟花集》，传诵全蜀，只可惜错生在了帝王家。就在王衍当上皇帝的第七个年头，即925年，后唐发兵攻蜀，王衍面缚舆榇，献城出降，前蜀就此灭亡，成为五代十国中最短命的王朝。

　　王衍所作诗词被史家称作浮艳之辞，今存二首。
　　《醉妆词》
　　者边走。那边走。只是寻花柳。那边走。者边走。莫厌金杯酒。
　　《甘州曲》
　　画罗裙，能解束，称腰身。柳眉桃脸不胜春。薄媚足精神，可惜沦落在风尘。

王建棺床四周浮雕的二十四伎乐，其中舞者两人，乐者二十二人

孟知祥墓·五代帝王陵，西蜀芙蓉城

地址：成华区蜀陵路，磨盘山公墓一带　　现状：尚未对外开放

　　洛阳北郊邙山，是方宝地，也是华夏大地上少有的名人扎堆的地方。东汉、曹魏、西晋、北魏等四朝数十位帝王，吕不韦、苏秦、张仪、薛仁贵、狄仁杰、颜真卿等诸多名相勋臣，扶余王、泉男生等外邦国君都相继安葬于此。除此之外，那些被虏至中原的亡国之君死后也在邙山赐得了一丘黄土，草草埋葬。如南陈后主陈叔宝、南唐后主李煜，以及蜀国的两位末帝，刘禅和孟昶。

　　前蜀覆灭后，后唐孟知祥入蜀受任成都尹，充西川节度使。孟大人是位治世能臣，善任贤使能，没几年工夫，境内被他治理得井井有条。但与此同时，后唐宫廷内乱，山高皇帝远的孟知祥遂打起了借蜀地险固之利自立为帝的算盘，训练兵甲，扩充实力。934年正月，即在前蜀政权灭亡九年后，孟知祥在成都称帝，史称后蜀。只可惜这位后蜀的开国之君坐上皇帝宝座仅六月就暴病身亡，葬在了成都北郊的磨盘山麓。

　　孟知祥的和陵远不及刘备的惠陵、王建的永陵出名，与树林农舍为伍，若没当地乡民指引，外人很难寻到墓冢所在。和陵墓门呈牌楼式，彩枋四柱，塑青龙白虎，门前分立一重甲武士，东持剑，西执钺，以镇守陵寝。墓室内壁彩绘男女宫人像，中置绕以莲瓣龙纹的青石棺床。棺床由力士跪地抬扶，前后各五人，裸身卷发，胡人貌。四角再各置一人，身披甲胄，中原武士的装束。主墓室以大砖垒砌，呈穹隆顶，状如草原荒漠上的蒙古大包。墓顶正中浮雕蟠龙像，并描绘黄金加以装饰。在中国已知帝王陵中，如此制式的陵墓，仅此一例。

　　后蜀高祖孟知祥虽在位仅半年，宏图伟业未及施展，但其三子孟昶少年英才，在群雄割据的五代时期却开创出一个花团锦簇的盛世时代。

和陵墓门呈牌楼式，
彩枋四柱，塑青龙白虎。
门前分立一重甲武士，
东持剑，西执钺，以镇守陵寝。
墓室内壁彩绘男女宫人像，
中置绕以莲瓣龙纹的青石棺床。

孟昶承帝位时年仅16岁，除了应付开国草创之初所面临的吏治、税捐、河工等诸多政事，还要面对那些曾跟随先父东征西讨、出生入死，却又恃功自傲、目无法纪的前朝勋臣。少年老成的孟昶此时表现得极为沉稳持重，面上周旋迎合，暗中秘密收揽军心，集取罪证，待到时机成熟，一一捉拿问罪，短时间内稳定了朝中局势。此后继而改用文臣充任各地节度使，广开言路，屈己纳谏，大力提拔贤能之才。亲订《官箴》，刻石立于署衙，以此为鉴，要求官吏们清正廉明，修德慎行。有如此明主，再得天府之利，西蜀很快成为一方人庶殷繁、物产丰饶的世间天堂，弦管诵歌，盈于闾巷。

　　和南唐李煜一样，孟昶才华横溢，能诗擅词，通音晓律，本可文章天下，名传千古，只可惜薄命生在了帝王家，最终成为一个"好声色，不恤政事"的亡国之君。旧时文人雅士喜花草虫鱼，笔下所绘，口中所吟多是这些天地间的灵物。孟后主也是这样一位爱花之人，不但赐号爱妃"花蕊夫人"，还于城头遍植芙蓉，九月花开时节，沿城四十里，叠锦堆霞，远远望去，如铺了锦绣一般，成都从此也得了"芙蓉城"的美名。花蕊夫人生得娇艳，相传花都不足以拟其色，唯有以花蕊相喻。花蕊夫人不但拥有绝世的美色，还擅诗词音律，常与后主花前月下相互酬唱，诗酒风流一番，其中百余首诗词都收录到了唐人诗歌总汇《全唐诗》中。孟后主不仅自己喜吟诗作对，还令卫尉少卿赵崇祚广收时人词曲，集十八人，词曲五百首，编撰成了中国文学史上的第一部词集《花间集》。集中除三人外，其余十五人或生于西蜀，或长居蜀地。五代十国中，论文风，能与西蜀匹敌者，唯有李煜的南唐。

　　西蜀的绘画与曲乐也堪为唐末五代之翘楚。当年僖宗皇帝南逃蜀地，宫廷画师一路同行，"随驾写貌"。后前蜀后蜀立国，均承僖宗遗制，设有"翰林写貌待诏"一职，孟昶更是将其发挥至及至，设立中国历史上最早的宫廷画院翰林图画院，五代著名花鸟画大家黄筌出任主持。宋太祖攻取成都后，西蜀翰林图画院也悉数迁宋京师汴梁，成了大宋的皇家画院。画风华丽细腻，影响后世千余年的"院体"肇始于此。一同前去东京的还有一支宫廷伎乐队，多达百余人。靖康之难后，部分乐师南逃闽地，形成"南音"。如今，在闽台南洋等地，所供奉的南音始祖正是这位通晓音律、尤工声曲的后蜀皇帝孟昶。

　　除此之外，孟昶还命人将儒家经籍制成石经，作为学子们的课读范本，后改雕版，刻印九经。后主酷爱医学，令臣下编修《蜀本草》二十卷。某年除夕，孟昶见人在桃符板上所写辞句不佳，于是挥毫写下"新年纳余庆，嘉节号长春"，据说这便是中国历史上的第一幅春联。

　　965年正月，宋师伐蜀，沉湎于温柔乡三十余年的西蜀王国终不敌大宋虎狼之师，十四万守军居然在六万宋师的攻击下，一触即溃。后主自缚出城请降，蜀亡。孟昶与夫人一道被押赴东京。抵京七日后，暴毙于家，花蕊夫人无奈之下委身于太祖。一日，太祖仰慕花蕊夫人的才华，令其以蜀亡为题即席作诗一首，花蕊夫人于是吟道：

　　君王城上竖降旗，妾在深宫那得知。十四万人齐解甲，更无一个是男儿。

孟知祥和陵中的抬棺力士像，前后各五人，跪地抬扶，裸身卷发，胡人貌。

皇城坝·三桥九洞望四川

地址：成都市中心天府广场　　现状：现改造为天府广场

　　自古蜀王开明九世从郫县徙治成都，"一年成聚，二年成邑，三年成都"，至后世的秦大城、汉锦城、唐罗城，再至后蜀的芙蓉城，两三千年间，成都的城名未曾变更，城址未曾迁移，就连城郭闾巷街肆的修造，也始终遵循"因天才，就地利"的建城原则，顺应两江水势流向，呈现出西北倾东南的城市格局，南北轴线向东偏离30度。直到明初的一天，一位姓康的公公来到成都，才彻底扳正了这座城市的中轴线，辨了方，正了位。

　　康公公来成都一不为治吏，二不为养民，千里迢迢只为一事，为新封的蜀王营造宫苑。蜀王姓朱名椿，太祖第十一子，时年七岁。康公公是见过世面的人，营建帝宫王府需讲究的风水、忌讳、规制、制式，他都一一熟记于心。这轴不正、位不端的城市格局实不应作为王的府邸，于是拆净了汉唐遗下的子城，兴筑王府。洪武二十三年（1390年），蜀王府历时五年修建完成。王府坐北朝南，周围九里，外有御河环绕，内筑高约十米的萧墙两重。府前临金水河，上设三桥，桥南设石狮、石表各二，旁列民居坊衢，再南立忠孝贤良坊，外设红照壁。过金水三桥，入端礼、承运二门，即来到殿宇重重、楼阁森然的王府中心。前为蜀王处理政务、举行庆典的承天、圆殿、存心三殿，后为蜀王生活起居的前中后三宫，再后即是巧置楼台亭阁矶石花木的皇家花苑。偏居西南边远一隅的成都人，哪里见过这番气派，再加之喜吹牛皮、冲壳子的习性，久而久之，这王府也就升级为了"皇城"，城前的大片空地也唤作了"皇城坝"。清有竹枝词，"三桥底下看四川"，说的正是这皇城。因为皇城宫门开有三洞，宛若"四"字，三桥并列，恰如"川"字。

　　可怜的是那一心为主营造宫苑的康公公，满以为自己的全情投入能讨得圣上欢心，那知反遭地方官吏举报，落了个挪用巨资、中饱私囊的罪名，换了杯御赐的毒酒。朱椿成年后，就藩成都，见王府重殿叠宇，气势恢宏，其用料无一不精，做工无一不巧，比起父皇的紫禁城也逊色不到那里去。再一核对营造账目，发现款项笔笔详尽，于是深感愧疚，遂为冤死的康公公修了座康公庙，以供蜀地百姓祭奠。

清末皇城坝

清贡院前的冲天大牌楼

原明蜀王府仅存的端礼门

清贡院明远楼

清贡院至公堂

25

明代蜀王历十世十三王，多以治蜀著称。第一代蜀王朱椿是位"性孝友慈祥，博综典籍"的读书人，他到蜀地后，聘大儒方孝孺为师，以风蜀人。兴办郡学，轻徭薄赋，以礼教守西陲，故"蜀人由此安业，日益殷富。川中二百年不被兵革，椿力也"。然而福兮祸之所伏，这蜀地百姓两百余年不识兵革，却在大明王朝最后的时刻，遭受了人类历史上最为惨烈的屠戮。时人记载："人口殆尽，千里无烟，举城皆为瓦砾"、"府南两河，尸为之塞，不能行船"、"弥望千里，绝无人烟"、"成都空……继以大疫，人又死。是后虎出为害，渡水登楼，州县皆虎，凡五六年乃定。"…… 屠戮之后，曾花团锦簇的天府之国满目疮痍，"闾巷不存，旧街难认，到处丛莽，兔走雉飞。有人站在南门城墙上，一天之内看见锦江对岸先后有虎十三只相继走过。"成都全城居民仅余数十户，近邻温江余32户54人，四川其余州县也大多如此。以至于当年清廷官员走马就任，居然在成都找不到一处完好的屋舍作为署衙，只好改驻阆中。直到顺治十六年(1659年)，省治才回迁成都。据记载，明末四川人口约三百余万，到清康熙二十四年（1685年），即大浩劫过去近四十年后，全省人丁也不过九万余人。正因如此，才有了后来百万移民的"湖广填四川"。对于此次大劫难，专家学者们众说纷纭，对这三百多万条生命的去向，给出了各种说法，明军、清军、三藩之乱、瘟疫、饥荒、虎患……但再怎么罗列，也难以抹平"伟大的"农民领袖张献忠剿四川的账。当年八大王张献忠攻陷成都城，曾以蜀王府为皇宫，做了一年零七个月的大西皇帝。清顺治三年（1646年），张献忠离开成都，走时一把大火焚了大城和皇城。大火熄灭后，仅遗端礼门、宫墙、石狮、金水桥、红照壁等不易烧烂的砖石构件。

康熙年间，皇城废墟改作巴蜀生员们秋闱大比的贡院，明远楼、至公堂、万余间考棚号房再度让这座苍凉萧瑟的城市恢复了些许的生气。门前立三架头的冲天大牌楼，东镌"腾蛟"，西刻"起凤"，中书"为国求贤"，贡院大门上还悬"天开文运"四个丈余大字，以希蜀地广出人才。光绪二十八年（1902年），废科举，贡院内相继开办起留东预备学堂、通省师范学堂、甲等工业学堂、绅班政法学堂、通省师范附属高等小学堂……

入民国后，四川又陷入长达二十年的军阀混战，数次巷战，把皇城一带弄得千疮百孔，凋敝不堪，一派残破相。抗战爆发后，成都高等师范、国立四川大学等学校陆续迁出皇城疏散。对于这一大片空坝子，当局再无余力进行管理，时间一久，集了好些商贩走卒，渐成了市场。紧接着敲花鼓的、打金钱板的、拉琴卖唱的、卖打药的、卖耗子药的、卖旧衣服的、测字算命的、拔牙的、耍把戏的、选雇买卖女佣丫头的、贩卖烟土枪支弹药的，都涌到了这里，三教九流，鱼龙混杂。再加上那些流落到此搭棚栖身的难民、贫民，昔日无比堂皇的皇城坝倒成了藏污纳垢、蚊蝇孳生的贫民窟、扯谎坝（成都对皇城坝的戏称，因这里多是做的跑江湖买卖，说的话不算数）。

时间到了新中国成立，人们搬走煤山（皇城东北端），修建体育场（即今市体育运动中心），同时也将原明蜀王府、清贡院等遗构悉数拆除。一尊大型的伟人塑像以及展示其光辉思想的"万岁展览馆"矗立在了这座城市的中心。皇城前流淌了数百年的金河、御河也被填上水泥，成了一条百无一用的人防工事。

清贡院内的考棚号房，近为明远楼、远处为至公堂

"文化大革命"期间的皇城。1969年，皇城门楼、明远楼、致公堂等建筑被拆除。
次年，在其旧基上修筑了"毛泽东思想万岁展览馆"及毛主席塑像。

明蜀王陵·精美绝伦，地下宫阙

地址：龙泉驿区十陵正觉山麓，成都大学正门外　现状：存皇家陵墓十座

自打大西王张献忠来川祸害了数月，成都府的宫苑、林园、寺观、祠宇、池馆等瞬间荡涤殆尽，化作一堆瓦砾，什么"锦官城"、"芙蓉城"、"花团锦簇"等美丽雅号都在这一农民起义英雄手里化为了乌有。目光所及，"千里无烟"、"举城尽为瓦砾"、"虎豹出没"。上世纪六七十年代，成都再遭一劫，有着数千年历史的天府之国几乎再无清以前的遗构，唯留几丘古冢陵墓尚能彰显前朝的繁盛，如王建墓，如孟知祥墓，如明蜀王陵。今天人们若想感受前世的富丽华美，唯有步入地下。

当年朱元璋取得天下，大施分封制，将自己的二十四个儿子和一个从孙，分封在了明王朝各个藩地，以"慎固边防，翼卫王室"。如西安驻秦王、太原驻晋王、北平驻燕王、大同驻代王、甘州驻肃王，等等，当然也包括这西南边陲的蜀王。大明王朝近三百年间，共历十世十三代蜀王。自第一代蜀王朱椿起，代代蜀王都算得上是贤明之王，以治蜀著称，颇得民心。川蜀之地是多民族杂居地区，各民族间纷争攻伐不断，居然被这历代蜀王治理得"二百年不被兵革"，四方安定，民户殷富，市廛繁盛，实为功不可没。蜀王们去世后分葬于凤凰、天回、正觉等成都近郊山地，其中最为集中的当数东郊的正觉山麓。正觉山高约数十米，虽算不上巍峨，但在这田畴万顷的成都近郊，也堪称一片岗峦起伏的高地了。山下积有一洼湖水，阔约千亩，水草丰美，名为"青龙湖"。在望气者看来，这方面山临湖的风水宝地正是王者龙脉之所在，是蜀王们逝后在阴间的安身之地。

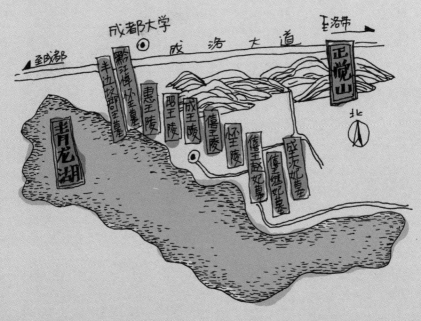

僖王陵地宫

僖王陵地宫的第二重墓门

昭王陵系夫妻合葬墓，分左右两室，两室间辟有小门，以供昭王夫妇阴间相会

僖王陵地宫

自第二代蜀王起，正觉山麓被划为皇家陵区，共修建皇家陵墓十座，分别为怀王陵、僖王陵、惠王陵、昭王陵、成王陵等五座蜀王陵；僖王赵妃墓、僖王继妃墓、成王次妃墓等三座蜀王妃墓；以及黔江悼怀王墓、半边坟郡王墓二座郡王墓。整个陵区以僖王、成王二陵为中心，其余八陵分列四周，头枕正觉山，面临青龙湖，呈掌状排列。当然，昔日碧波荡漾的青龙湖早已干涸多年。

僖王陵

按礼制来说，僖王朱友熏原本与世袭王位无缘，可第二代蜀王朱友育（怀王）逝后无嗣，他这位亲弟弟于是承袭了蜀王位，成为明王朝的第三代蜀王。据史书记载，僖王"孝友纯朴"，只可惜英年早逝，继承王位不足两年就患病身亡，年仅二十六岁。僖王陵上本筑有享殿、方城等陵庙建筑若干，后几经劫难，早已毁圯无存，唯地宫保存完整。僖王陵地宫前后四进，入墓门后，分别是三庭三殿，最后为棺室。陵内墓室宽敞，窗棂、朱柱、枋额、斗拱、瓦脊等构件皆仿木制构造，雕镂工丽，石上再描以彩绘，完全仿照蜀王生前寝宫修造。

昭王陵

昭王朱宾翰为第八代蜀王，德高望重，被誉为天下第一贤王。昭王陵系夫妻合葬墓，因此中庭之后的正殿、后庭、后殿、棺室等都一分为二，形成左右两室，两室间还辟有一道精巧的小门，以供昭王夫妇在阴间相会。地宫四壁雕龙刻凤，描金绘彩，装饰极其华丽。只可惜当年修筑高速路时，地上地下的古建古墓皆纷纷让位于城市交通建设，昭王陵被整体搬移至僖王陵旁。经今人之手的一拆一建，昭王陵地宫旧貌已无存。昭王陵墓内现存有一方石壁，上雕双蟠龙，二龙怒目卷尾，相互盘曲缠绕，其面目犹如人首，颇为怪异，世所罕见。据说龙头的形象就取自蜀王们的先祖明太祖朱元璋，狭脸，凸额，立眉，深目，隆鼻。

成王陵

昭王去世后，长子朱让栩承袭了王位，是为第九代蜀王成王。朱让栩同他父亲一样，也是位贤明藩王，"好学，手不释卷，日观经史，临法书，作诗属对，皆有程要"。成王陵据说是十陵中规模最大的一座蜀王陵墓，位于东风渠西岸青龙埂，陵园坐西向东，东西长约五百米，南北宽约一百四十米，沿中轴线建有琉璃瓦顶大门、神道、享殿、方城明楼和宝顶。

定王次妃墓

定王朱由埁为第五代蜀王，次妃王氏乃定王诸妃中的一位，育有一子，也就是后来的第七代蜀王蜀惠王朱申凿。朱申凿博览群书，通古博今，在位二十二年，乃明蜀"三代贤王"之一。惠王重孝，母亲王氏去世后，他为其修筑了这座饰满雕华彩绘的三进地宫。

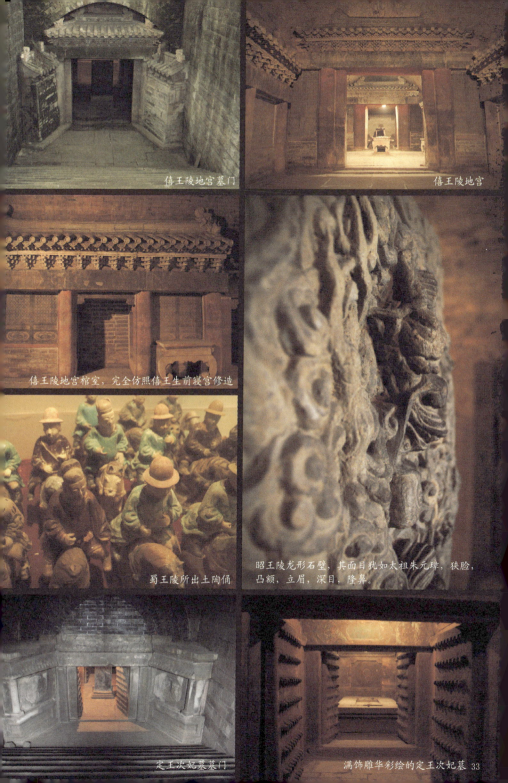

僖王陵地宫墓门

僖王陵地宫

僖王陵地宫棺室，完全仿照僖王生前寝宫修造

蜀王陵所出土陶俑

昭王陵龙形石壁，其面目犹如太祖朱元璋，狭脸，凸额，立眉，深目，隆鼻。

定王次妃墓墓门

满饰雕华彩绘的定王次妃墓

三国·成都

　　蜀地偏居西南一隅，四周群峰险绝，中间沃野千里，既有御敌入蜀之天然屏障，又得丰饶肥美的天然粮仓，自成一国。但凡时机成熟，那些据守蜀地的将军们便会纷纷树起大王旗，建国称帝。如春秋开明立古蜀国，西汉公孙述立成家国，三国刘备立蜀汉，西晋李雄立成国，东晋李寿立汉国，东晋谯纵立西蜀，五代王建立前蜀，五代孟知祥立后蜀，以及明末张献忠自立的大西国，其中最为世人所熟悉的自是刘皇叔所建立的蜀汉国。

武担山·开明王妃冢，玄德称帝处

地址：青羊区北较场军区大院内　　现状：现为军事管制区

虽说成都周边险峻巍峨的大山不计其数，但在天府的中心，想要寻处小小的坡地登高揽胜，也非易事。那些凸于地面的土台高岗不是昔日城垣遗下的夯土堆，就是早年蜀国帝王们的墓冢陵寝。城西抚琴台，实乃前蜀皇帝王建的坟茔。而城北武担山，相传则是蜀王开明的王妃冢。

据扬雄《蜀本纪》以及《华阳国志》记载，春秋战国时代，武都（今甘肃境内）有一女子，美艳如花，蜀女无人能及。古蜀王开明听闻后，派人将女子迎来成都，纳为王妃。怎料那女子因不习水土，未过多少时日便香消玉殒了。蜀王痴情，三日不食饮，不惜派遣五丁力士千里迢迢前去武都担土，为爱妃作冢，并以莹澈可鉴的圆石为镜，表其墓。开明王妃墓状如小山，故得名"武担山"，亦或"武都山"。

公元221年，刘备在曹丕篡汉后，于武担山南设坛称帝，立蜀汉国。据史书记载，武担山南约一百二十步，即蜀汉宫城城垣。西晋左思曾在《蜀都赋》中写道，"金城石郭，兼匝中区，既丽且崇，实号成都。辟二九之通门，画方轨之广涂。营新宫于爽垲，拟承明而起庐。结阳城之延阁，飞观榭乎云中。开高轩以临山，列绮窗而瞰江。内则议殿爵堂，武义虎威，宣化之闼，崇礼之闱，华阙双邈，重门洞开，金铺交映，玉题相辉。外则轨躅八达，里开对出，比屋连甍，千庑万屋。"昔日蜀都风貌或许能从赋中略见一二。自唐筑罗城起，成都都市的格局几经兴废，宫阙城郭街衢闾巷等都有了较大的改观，皆不可考，唯这巍然屹立的武担山，迄今如故，成为这座城市里的一处重要坐标。

武担山虽说不大，但还算是北城一片苍翠之地。山长百余米，高约二十米，中间凹下，首尾凸起，呈马鞍状，两端分为东台、西台。东台建芙蓉塔，西台置署雪轩，据说祭王妃的石镜就埋于轩下。山下还筑有石镜寺，供奉着香火，直到元明时，石镜寺才逐渐被废弃。这一坡仅芥子般大小的丘地，却在千余年间引来无数圣贤名儒来此题诗吟咏，如唐人王勃、杜甫、薛涛、宋人欧阳修、陆游……清朝末年，朝廷依山设北较场，操练骑射，列队演武，武担山从此成为军事禁地，慢慢从百姓记忆中淡出。1938年，黄埔军校西迁成都，落户武担山麓，除大力营建校门营房礼堂外，军校师生们还在山顶上立了座七级六面的瞭望塔，以及一间六角石亭。每逢课余，常有军校学生聚于山上，或高谈阔论，青春激扬一番；或吟诗作文，抒一抒心中的豪情。在他们的日记和文章中，时常提及的军校风物，多是这山上的一亭一塔。

武担山上，林木蔽天，塔亭依旧，只是所处位置的特殊性，外人难以观之。

武担山，
古蜀开明氏的王妃冢。
三国刘备设坛称帝处，
清末八旗弓马骑射演武地。
民国黄埔军校西迁成都，再度落户在了这武担山麓。

汉昭烈庙·君臣合祠，昭烈千秋

地址：武侯区武侯祠大街　　现状：全国重点文物保护单位

儿时去武侯祠，眼里只有那列武将廊。以赵云为首的十四员大将，金盔金甲，威风凛凛，喜爱极了。英雄武将，幼时的最爱，别说这刘备手下这十来员大将，三国众将领、隋唐十八条好汉、杨家七郎八虎、岳家军四猛八大锤、水泊梁山一百单八将，个个姓甚名谁，绰号习性，了然于胸。其须发头冠、战袍铠甲、兵刃坐骑，也多能一一绘于纸上。武侯祠的关羽张飞披了长袍，一身文臣装扮，反倒没了连环画中的英武威猛，自是少看了几眼。刘备、诸葛亮及那十四文臣像更是走马观花，一晃而过。如今能得以细细观看，多少算是补上了些课。

当年刘备在成都武担山南设坛称帝，立蜀汉国后，随即发兵征讨东吴，未料在夷陵被陆逊打得大败，撤兵至白帝城。223年六月，刘备病逝于白帝城永安宫，享年63岁，谥号昭烈帝，葬于成都西南郊。因刘备"爱民好与"，曰"惠陵"。甘、吴二夫人也合葬于此。蜀建兴十二年（234年），诸葛亮率军北伐，因积劳成疾，当年八月病故于五丈原（今陕西岐山南），时年54岁，后主刘禅追谥其为忠武侯。

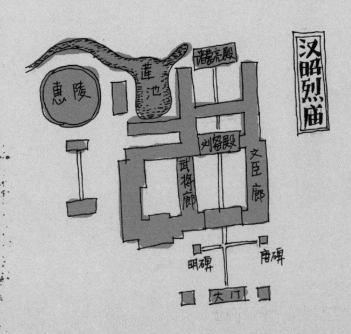

汉昭烈皇帝之

大清乾隆五十三年五月上浣

223年六月，刘备病逝于白帝城永安宫，享年63岁，谥号昭烈帝，葬于成都西南郊。因刘备『爱民好与』，曰『惠陵』。

惠陵陵冢高十余米，四周红垣环绕，松柏掩映。陵前置神道、寝殿等，多为清朝重修时的遗构。陵前嵌石碑两通，分别为康熙七年所刻横额"汉昭烈之陵"，以及清乾隆五十三年刻制的穹碑，上书"汉昭烈皇帝之陵"。惠陵东侧即为中国历史上唯一的一座君臣合祠汉昭烈庙。祀刘备的先主庙与祭诸葛亮的武侯祠原本是相邻的两座祠庙。宋时先主庙居中，东设后主祠，西置武侯祠。后人认为刘禅不战而降，不配袝祭先帝刘备，遂拆了后主祠。但也有人认为刘禅爱民如子，降魏之举可使千万百姓免遭屠戮，值得敬重，于是又在顺城街筑安乐寺为其塑像奉祀。明朝初年，蜀王朱椿认为君臣宜一体，遂迁诸葛亮像于刘备庙内，祠庙合一。明末，昭烈庙毁于战乱。清康熙十一年（1672年），昭烈庙再度得以重建，刘备殿在前，孔明殿在后，成了今天这般格局。由于诸葛亮对后世的影响远在刘备之上，故人们习惯称昭烈庙为"武侯祠"。

汉昭烈庙前后五重，分为大门、二门、文武廊、刘备殿、过厅、武侯祠等。刘备殿是整个建筑群中最高大轩敞者，中立高约三米的刘备鎏金塑像，帝冠龙袍，宽面大耳，谦恭和善。陪祀者仅一人，即他的孙子刘谌。当年，魏国攻蜀，后主刘禅懦弱昏庸，未曾抵抗就打起了降魏的主意。刘禅之子北地王刘谌苦谏道："若理穷力屈，祸败将及，便当父子君臣背城一战，同死社稷，以见先帝可也，奈何降乎！"可刘禅不听，执意降魏。刘谌不堪忍受丧国之辱，哭拜于祖庙，并挥剑杀死了妻儿，再赴惠陵，杀身殉国。因此后世蜀人只祀临难不苟的北地王刘谌，而不祀乐不思蜀的后主刘禅。关羽、张飞二人各有专祠，分列昭烈皇帝左右。关羽同为一身帝王装束，气宇轩昂，左右分立关平、关兴、周仓、赵累四将；换上金袍的张翼德，依旧还是燕颔虎须，豹头环眼，一副起起武夫的模样，其子张苞、孙张遵陪祀两旁；东西两廊则是儿时的最爱，东为文臣廊，分为庞统、简雍、吕凯、傅彤、费祎、董和、邓芝、陈震、蒋琬、董允、秦宓、杨洪、马良、程畿；西为武将廊，依次为赵云、孙乾、张翼、马超、王平、姜维、黄忠、廖化、向宠、傅佥、马忠、张嶷、张南、冯习。

刘备殿后，即祭祀诸葛丞相的武侯祠。殿中奉诸葛亮祖孙三代的塑像。诸葛亮羽扇纶巾端坐正中，像前三面铜鼓相传为诸葛亮南征时所制，俗称"诸葛鼓"。大殿横梁上书诸葛亮的《诫子书》"非淡泊无以明志，非宁静无以致远"。

"丞相祠堂何处寻？锦官城外柏森森。"

八阵图·武侯推演，尽得其妙

地址：青白江区弥牟镇　　现状：现残存六座小土丘

在华人世界备受尊崇、为蜀地百姓官吏代代颂扬的诸葛先生也难逃新时代的荡涤。祭祀先生的祠堂庙宇不是被改作学校，就是被废为工厂民舍，终拆了个干净。羽扇纶巾的先生塑像也被一并请出了庙堂，化作一堆泥砾。倒是有处诸葛遗构因远离城区，且又状如田陇土埂，有幸逃过了一劫，多少存了些故迹。这便是当年**诸葛先生垒土石为阵、推演兵法的"八阵图"。**

据《三国志》记载："亮推演兵法，作八阵图，咸得其要"。八阵图的祖师爷当数上古时代的黄帝，他根据"丘井之法"（八家为井，十六井为丘）作古阵图，以"井"字形布阵，分前、后、左、中、右五个方阵，并以此阵法大败了蚩尤。黄帝的五阵法后经姜尚、管仲、孙武等人的不断演变改进，至三国孔明时，已是日臻完善。诸葛亮的八阵图以天、地、风、云为"四正阵"，龙、虎、鸟、蛇为"四奇阵"，每阵各六小阵；中置由十六小阵组成的总阵，共计八八六十四阵。另有二十四阵置于后军，作为机动。这八阵之法，"四头八尾，触处为首；敌冲其中，两头皆救；奇正相生，循环无端；首尾相应，隐显莫测；料事如神，临机应变。"据记载，诸葛亮曾在奉节永安宫布"上方阵法"，计64垒，又称"水八阵"；在新都弥牟镇布"当头阵法"，计128垒，又称"旱八阵"；在双流棋盘市布"下营阵法"，计256垒。三阵中除棋盘市八阵图早已无存外，其余两阵尚还有些许残存的土垒。

弥牟八阵图为两阵并峙，每阵计64垒（即64阵），共128垒，各垒高约3尺，阔约1丈，可立军士数人，将帅在高处以旗为号，推演阵法。诸葛亮去世后，蜀民为缅怀丞相，在八阵图旁建丞相祠，刻石立碑，以供世人祭拜。历代官吏乡人对丞相祠、八阵图照料有加，累有修葺，凡途经新都的官员士人，也都纷纷慕名前来，下马拜谒一番。即便历朝均有官吏乡绅出资培修，但千年八阵图故垒久历风雨侵蚀，损毁严重。至道光时，八阵图仅存71垒；民国初年，存47垒；到了今世，几经折腾，八阵图迅速地降至6垒，丞相祠、围墙等遗构自是随之荡涤殆尽。1958年，文管所的工作人员在八阵图遗墟上拾得当年明正德年间新都状元、翰林院修撰杨升庵所撰《新都县八阵图记》残石，移至新都桂湖碑林保存。

八阵图故址位于成都前往青白江的公路旁，所遗残垒呈圆锥状，高一米有余，两纵三横，共计六垒。乍一看，就似城郊的乱坟岗子。八阵故址前为公路，后为弥牟镇的农贸市场，左右农舍店铺簇拥，临街的商铺买卖经营各有不同，但都应时应景，取名为"八阵"。

八阵图故址，位于成都前往青白江的公路旁，所遗残垒呈圆锥状，高一米有余，两纵三横，共计六垒。乍一看，就似城郊的乱坟岗子。

48

古关帝庙·尘寰间的武圣小庙

地址：锦江区华兴上街59号　现状：现存青砖门楼，及一殿两厢房

中国古代城池建设，多有规制，其中五大建筑不可或缺，分别是城隍庙、文庙、武庙、火神庙、财神庙。其中供奉文圣孔子、武圣关帝的文庙武庙更是必不可少，以至于旧时的中国县县有文庙，村村有武庙。身为蜀汉国故都的成都，自少不了这祭祀关公的武圣祠、关帝庙，但如今却难觅旧迹，唯留下衣冠庙、武圣街、老关庙街等旧时的地名。不过在这繁华的都市，还真藏有一座古关帝庙，难为世人所见。

古庙地处喧闹的华兴街上。这是一条位于商业场后的小街，虽说老旧逼窄，但因地处闹市，早已成为这座城市闻名已久的商街食肆，著名的悦来茶园、盘飧市、铜锅煎蛋面就诞生于此。在一排售卖潮人服饰的店铺间，有条极不易被人察觉的僻巷，巷内立有一门楼，青砖垒砌，券门上方置一匾，菱纹饰边，中嵌一方红砂条石，虽已风化剥蚀得厉害，但仍能清晰地辨出额上的四字"古关帝庙"。

入到门内是一进旧式的四合院，一殿两厢，那种老成都随处可见的小青瓦房。曾婆婆见有人来访，忙放下手上的活计，和我们摆起了龙门阵。

"这里以前是座关帝庙，好像是民国时修建的，我们刚搬来时，庙门石匾上还刻有中华民国多少多少年，现在都风化了，只剩了个'中'字。庙子里原来住着位敲更的大爷，每天时辰一到，他就带着竹筒出门，'笃笃笃'地报平安，直到前些年才去世。"

"关帝庙原来的山门比现在漂亮多了，匾额两边各雕有一只石狮子，可惜文革时被敲掉，剩了一只绣球在门上。天井里摆了四口红砂石制成的方缸，有一米见方。后来住家户把这四口大缸缸壁卸下，铺了排水沟，剩下的石板拿去砌了外墙。现在你们看到的这个拱门是关帝庙的二门，外面还有一座大门，但早给拆了。二门外有眼老井，八九米深，可惜前几年盖高楼抽地下水，结果把井水也给抽干了。"

华兴上街
59

喧闹的华兴街上
能遗下这么一座青砖红匾的老门楼，
实属不易，更何况是祭祀武圣的关帝庙。
老庙虽小，且早已绝了香火祭拜，
但总算是蜀汉国故都仅存的一座关帝庙祠。
数年之后，再访小庙。
同样的僻巷，同样的门楼，
只不过已被一层厚厚的水泥所覆盖。

关庙街·关氏父子，一门忠良

地址：青羊区玉泉街、小关庙街　　现状：已无存，附近有一些古老的小巷

作为蜀汉国的将军，关羽却从未来到过成都。但集忠、信、义、勇于一身，且身兼武圣、武财神双重身份的关二爷自是备受蜀地百姓的崇奉。且不说那些必把山西老乡关羽供在正堂上四时祭拜的晋商会馆公所，城廓内外、乡场街子，**官绅商民们所集资修建的**关帝祠庙就已数不胜数，如下同仁路关帝庙、纯化街关岳庙、武圣街关帝庙、红墙巷关帝庙、三桥南街关帝庙、沙河堡关帝庙、石羊场关帝庙、白家场关帝庙、大面铺关帝庙、西河场关帝庙……众多关帝庙中，成都人最耳熟能详的，莫过老关庙和小关庙。

老关庙、小关庙都位于成都北门内，隔街而居。相传明初的一年，成都遭遇大旱，满城的水井都见了底，唯独城北玉泉古井依旧水位不减，清澈甘冽，即使附近好几条街巷的住户都来挑水，也始终不见干涸。于是有传言道，此乃关老爷显灵（据说关羽死后在湖北玉泉山显圣）。消息很快传遍全城，人们蜂拥而至，围着古井又是烧香，又是叩头，祈求关老爷保佑。明嘉靖十七年（1538年），人们集资在原玉泉寺旧基上新建了一座关帝庙，新庙高大轩敞，重殿叠宇，大殿中塑有一尊铁铸关公像，威武凛然。后来，商民们在与关帝庙相邻的街上也筑了间小庙，祭祀与关羽一同被斩于临沮的义子关平。为了区分两座关庙，人们将祭祀关氏父子二人的庙宇分别称为"老关庙"和"小关庙"，所在街道也跟着命名为"老关庙街"、"小关庙街"。

清时的老关庙、小关庙香火很盛，尤其是老关庙，几乎成了那些将军、都统、提督、总兵、副将等武官聚集宴饮之所。清光绪年间，老关庙街和东段的女儿碑街合并，更名为"玉泉街"。民国十八年（1929年），川军旅长蔡海珊以慈善之名，将老关庙更为了学堂，庙堂从此被废。还有另一种说法，说是"军人强占庙产，把老关庙卖给富豪人家修建公馆"（按惯例，民国所发生的大小事件，多有两个以上截然相反的版本）。不过玉泉街上确有许多旧时军人显贵们的深宅大院，但解放后都一律充了公，成了十数家人混居的大杂院，再后来又因破败不堪，无保留价值而拆除干净。小关庙街南临老关庙街，北抵城垣，西接东通顺街，东连马镇街，全长两百多米。据说街中除了那座专祀关平的小关庙外，街北处还有一座关帝庙，名叫"圣帝宫"，当然也已是无了踪迹。

成都历史上是经过数次洗礼过的城市，因此要想在地面上寻什么旧迹故址，比起其他城市，或许要困难许多。书中所载庙堂宫观自是无迹，与之相邻的街道也多成了通衢马路，老关庙街即是如此，没了丝毫的旧痕。唯小关庙街尚未遭到旧城改造的洗礼，虽没了祠庙，但偶尔还能见着一些旧时的小巷、门楼、矮墙、天井、院落……

张爷庙·肉铺屠肆间的桓侯祠

地址：武侯区桓侯巷　　现状：为居民院落，于2004年底拆除，仅存两株古银杏树

飞将军比不得关二爷，无论军中的将士兵卒、江湖上的堂会帮派，还是市廛间的商贾贩夫，三教九流无不把关公奉为神明，备受尊崇。求忠义、求勇武、求财、求福、求风调雨顺、求国泰民安，关帝庙遍及天下，五洲处处为其焚香。就连典当、算命、旅馆、剃头、香烛、丝织、糕点等这些无论扯上扯不上关系的行业，都拿关二爷当祖师爷，以求庇护。那三弟张翼德就远没有这般荣耀，到头来，只被本帮那些屠牛宰猪之徒奉为祖师，四时祭拜。

　　旧时出南门，过万里桥，就算是出了城了。沿着城垣下的浣花溪一路逶迤西行，可至百花潭，至青羊宫，至二仙庵，至杜甫草堂；或是经凉水井街，穿过菜畦间的竹篱茅舍，拜谒"锦官城外柏森森"的丞相祠堂；或是沿锦江东行，去修竹环抱的华西坝上听西洋钟楼的鸣声；再或顺着城外青石大街一路向南，过洗面桥，祭拜关二爷的墓祠。自清时起，一些从事皮革制作的工匠在万里桥南办起了作坊，屠牛制皮，渐成街市。过去制革，无论干牛皮，还是刚剥下的新鲜牛皮，都要放在硝水大缸里浸泡浆洗数日，再拖出来用刨刀将牛皮刨薄，制成柔软的皮革。于是人们将这条满是硝水大缸、散发出阵阵皮毛恶臭的街道称作"浆洗街"。浆洗街周围衍生出的街巷市集也多以屠宰为业，如

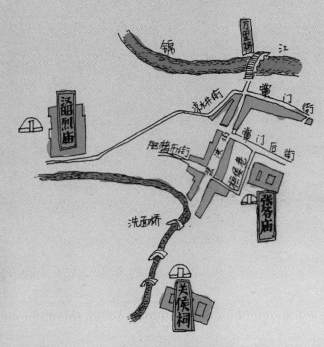

整条桓侯巷也就留下了这片老屋，
高墙深院，三路三进。
守护的老人说这就是张爷庙，
过一阵上面要拨款下来
把庙子里里外外修缮一新，
还将对市民开放。
但不久以后，
他等来的却是又一纸拆迁通知书。

杀牛巷、肥猪市街等。在清至民国的两百余年间，浆洗街始为成都城南及附近乡场的生猪、牛羊肉、皮毛集散市场（成都东、西、北三门都有猪市，分别为今天的玉成街、杀猪巷、珠市巷），有生猪行栈数十家，专营皮革的商号更是多达两百余家。每天天不亮，四乡的屠户便早早起来，将宰牛后剩下的牛骨、牛皮毛、牛下水用鸡公车推到浆洗街上，分售给各家商号。牛皮有皮革店设庄收购；牛骨卖给专捶骨粉的作坊，作为农人的肥料；牛下水则售与肉铺饭店，或换些卤肉烧酒，小饮几杯。

过去的三百六十行，行行都拜有各自的祖师。相传张飞年轻时以卖肉为业，他自然成为各地屠户所推崇的祖师爷。而飞将军的墓祠也恰好位于浆洗街东，与肥猪市隔街相望。据记载，张飞自在阆中被部将张达、范强杀害后，身首异处，身体埋在了阆中，而首级却葬在了云阳。蜀地百姓也在万里桥南为他备了一方风水宝地，葬其衣冠，与两位兄长的陵墓遥相呼应，互成三角。张飞墓前立有一碑，上书"汉张夫子衣冠墓"，并筑祠塑像，供后人拜祭，祠前小巷也因此得名"桓侯巷"。清康熙年间，人们对昭烈庙、武侯祠、关侯祠、张爷庙一一作了修缮，培修了坟茔。张爷庙因紧临屠户聚集的街市，久而久之倒成了屠宰行的祖师庙，时时受屠户们的祭拜。这些平日里杀猪宰牛的屠户自知所事营生罪业深重，便集资在张爷庙旁挖了个阔约三十亩的放生池，常常买些小小鱼小龟来池里放生，以求能减少些生前的杀业。

张爷庙后废为了杂院，搬进了十多户人家。待我们去时，桓侯巷已成一片废墟，瓦砾中唯有一栋孤零零的老屋。残存的老屋分左中右三路，两重天井，两株高大的银杏覆盖了整个前院，金黄的叶片撒满了天井和屋顶。住户们都已搬走，殿堂内外一片狼藉。一对来自乐山的母子为省下高昂的住院费用，暂且租住在这里。看守老屋的大叔告诉我们，这就是张爷庙，政府说要把它保护起来，修缮后再对外开放。张爷庙后百米处有片小土丘，长期以来，附近住户都认为这就是张飞的衣冠冢，里面埋的是三将军的木雕首级。但据专家考证，此墓并非张飞的墓茔，实为东晋成汉国皇帝李寿或李势夫妇的合葬墓。在拆除桓侯巷老屋的过程中，一方石碑从残垣中显露出来。石碑高近两米，红砂石雕凿，但所刻碑文已无法辨识。或许这方长期夹在住户壁中的石碑正是史籍中所载的"汉张夫子衣冠墓"碑。

次年再至桓侯巷，古树依旧，但树下那片乌瓦的老屋，那座被保护起来欲作修缮的张爷庙却没了踪迹。

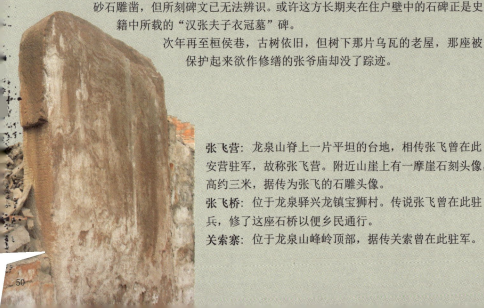

张飞营：龙泉山脊上一片平坦的台地，相传张飞曾在此安营驻军，故称张飞营。附近山崖上有一摩崖石刻头像，高约三米，据传为张飞的石雕头像。

张飞桥：位于龙泉驿兴龙镇宝狮村。传说张飞曾在此驻兵，修了这座石桥以便乡民通行。

关索寨：位于龙泉山峰岭顶部，据传关索曾在此驻军。

张爷庙庙门

覆满落叶的大屋顶

张爷庙前殿

庙内住户都已迁走，唯有一对来川国措的外地母子暂时租住于此

屋顶横沥金大梁，中绘八卦

年久失修的张爷庙大殿

被误认为张飞衣冠冢的古墓莹，实为东晋成汉皇帝李氏夫妇的合葬墓

东晋成汉皇帝陵早邑成空穴，多年来始与垃圾为伍

和平街·平侯洗马池，子龙显圣处

地址：锦江区和平街　　现状：现为和平街小学，子龙塘填为操场

城东的和平街，是条长不过两百米的老街，但街中却造有数处著名的园子。一是民国大藏书家严谷孙的贲园，二是祭祀四川总督骆秉璋的骆公祠，三是四川提督周达武营造的芙蓉池馆。其中又数芙蓉池馆最为雅致，在蓉城曾以园林胜景享誉一时。溯其前身，据说则是赫赫有名的蜀汉大将常山好汉赵云赵子龙的府邸。

话说当年刘备得了益州，拜赵云为翊军将军，置官邸于城中。将军府旁有一池塘，阔约二十余亩。子龙将军每次操练回府都会将爱马白龙驹牵至塘前，卸去鞍镫，细细梳洗一番。建兴七年（229年），赵云病逝，后主刘禅追谥赵云为顺平侯。成都百姓敬仰这位智勇双全、浑身是胆的子龙将军，在将军故宅池塘前垒石树碑，上书"汉赵顺平侯洗马池"。

时间到了南宋末年，蒙古铁骑进了成都城，这些北方蛮子入城后大肆烧杀掳掠，时刻不得消停。成都的百姓饱受摧残折磨，却又无力与之抗衡。一天夜里，蒙古兵又在城里胡作非为，这时，忽见一白盔白甲将军，手持银枪，胯下一匹白龙马，从洗马池中跃出，大声喝道："兴兵抗虏，保我江山。"说罢单骑纵身杀入蒙古军中，只见那白马银枪所过之处，蒙古蛮子无不望风而遁，无人能挡，犹如长坂坡上七进七出的赵云赵子龙。众人见状，高呼"子龙将军显圣了！"于是个个勇气倍增，纷纷拿起兵器，随白甲将军一起杀入敌阵。子龙将军显圣的神迹很快传遍了全城，人们同仇敌忾，终将蒙古蛮兵赶出了成都城。

战后，人们得知"子龙显圣"乃四川安抚制置使余玠所扮。这位余玠也是个了不起的人物，因抗蒙有功官拜兵部侍郎、四川安抚制置使，委以巴蜀防务的重任。余玠在四川凭险新筑青居、大获、钓鱼、云顶、天生等十余城，依山为垒，驻兵防御，有效地抵御了蒙古大军的进攻，使几近覆灭的赵宋王朝又苟延残喘了二十余年。据说当年余玠至蜀后见士气低落，民心涣散，于是上演了这场"子龙显圣"的好戏，大大鼓舞了蜀地将士和百姓的士气。事后，人们在洗马池旁筑亭立祠，塑子龙像，世世供奉香火。

洗马池又名"子龙塘"，塘前街巷因此得名"子龙塘街"。子龙塘上建有楼台亭榭，植梅树百株，池中碧叶红莲，乃成都的一处园林胜景。塘边的子龙祠，更是香客络绎，烟火不绝。清同治年间，四川总督骆秉璋（擒杀翼王石达开那位）去世，提督周达武以数千金购得子龙塘东的宅邸，兴建骆公祠，街名也随之更为"骆公祠街"。子龙塘上则营造芙蓉池馆。据《华阳县志》记载，周达武"以一龛奉顺平（赵云）于池上，文士名人欢聚这里，赏荷泛舟"。时人在游历子龙塘后曾作文道，"赵顺平侯洗马池其地，适当锦城之中……池之广几，二十余亩，每当春水生时，沧涟浩渺，烟波无际，具有江湖之概。楼台亭榭，咸就地势回环，结构间以花木竹石，蔚然深秀。初入亭中，朱藤一株，其荫及亩，花时紫英璎珞，香闻户外，药台露井，差参其中……计园中院落凡八处，其余屋室不在此数。"这八处庭院分别为乐天草堂、棠阴读书楼、芙蓉馆堂、烟波画舫、环碧亭、晚凉榭、玉玲珑馆、得月亭。此时的子龙塘已是成都的一方名园，林泉晓胜之区。

到了清末，子龙塘改为了迎宾馆。入民国后，先后作为市参议会、县女子小学。建国后，子龙塘街易名"和平街"，设和平街小学。上世纪七十年代，校方为新建校舍，用地基土石填埋了子龙塘，平为操场。与之相邻的严府大宅门也在后来的建设中改建为单元宿舍，唯留一栋当年作为书库的石头房子。老街东头的11号是和平上唯一一处保留下来的大宅门，绛红色的大门楼在这条街上极为醒目，一看就是那种豪门朱户的派头。院内天井重重，殿堂厢房高大轩敞，明显有别于那些小家小户的四合院。前些年扩建岳府路，宅院被夷去大半，仅存两进。和平街11号是成都市的首批文物保护单位，但荒唐的是，一年之后，当我们再至和平街时，漂亮的绛红色门楼、两进的天井大院，以及那块"成都市文物保护单位"的匾牌统统都无了踪迹。

子龙墓祠：　229年，赵云病逝后葬于大邑城东银屏山麓。子龙庙原名"汉顺平侯庙"，又名"将军庙"，历代均有培修。祠前为戏台，祠后乃子龙墓。

位于和平街11号的三进大宅，后被拆除

位于和平街16号的民国私人藏书楼资园

马超墓·威侯墓冢的前世今生

地址：新都城南马超村　现状：夷为平地，建成住宅小区

成都虽为蜀汉国的都城，但上至君主丞相，下至五虎将皆亡于它地。刘备病逝于白帝城，孔明病故于五丈原，关羽被斩临沮，张飞被刺阆中，赵云病逝大邑，马超病逝勉县，因此成都虽多有三国蜀汉英雄们的坟茔，却皆为衣冠冢。新都南门外二里许，也有一丘蜀汉衣冠冢，冢前立有一碑，上书"汉故征西将军马公讳超字孟起之墓"。

马超，字孟起，陕西兴平县人氏，文武兼资，雄烈过人，五虎上将之一，幼时笔者心目中仅次于赵云的第二位三国英雄。公元221年，刘备在成都称帝，拜马超为骠骑将军，领凉州牧，封斄乡侯，镇守阳平关(即勉县)。次年，马超病逝，时年47岁，葬于陕西勉县武侯镇继光村，追谥威侯。

对于三国蜀汉英雄，历朝历代官吏皆是尊崇有加，更何况是位列五虎之一的马超将军。大明年间，四川按察使杨瞻、成都知府王九德、新都知县邵年齐等人对荒废多年的马超墓进行培修，墓前树碑，道旁立华表；清雍正十二年(1734年)，新都知县立界碑于马超墓的四至，禁止民众在界内樵采耕种；道光十七年(1873年)，知县张奉书派人在墓冢周围广植松柏，砌筑围墙，在道旁重立"汉故征西将军马公讳超字孟起之墓"石碑，以壮观瞻，并重新丈量了墓地，共计三亩一分七百四毫，同时招来佃户看守，每年春秋携官吏百姓前来祭拜；清宣统元年(1909年)，四川提督马维祺到川北巡察军务，绕道新都城南拜谒马超墓，这位屡立战功的沙场将军见马超墓园倾圮，碑字漫灭，感触神伤，乃慷慨捐资，在墓前重修建享殿三间，亲自书写"英风常振"匾额，撰书《马公墓志》刻石以存，使马超墓再具规模。

然而解放之后，历经前朝官吏精心呵护的马超古墓却迎来了致命的破坏。先是祠庙改建为乡村小学。继而古墓前后的墓碑界石、享殿祠庙，以及森森的古柏都无了踪迹。接着人们入到墓内，将那些雕有精美纹饰的石门、磉、石棺台等石料构件一一搬出了墓室，作了建筑材料。1987年，相关文物部门将马超墓仅存的两通石碑移至桂湖碑林，妥善保存。至此，曾经颇具规模的马超墓唯留下墓后的环状土丘。

2005年，开发商的推土机彻底夷平了这片三国名将的墓冢，建了一片名为"马超"的小区。

写到这里，忽然想起前段时间闹得沸沸扬扬的安阳真假曹操墓。真的关羽、张飞、马超墓，我们上下一致把它给弄平了。假的曹操墓，我们却又要上下一致给它做成了真的。两种荒唐的极致，恰巧生在了同一个时代。

二十世纪八十年代，
文物部门将马超墓仅存的两通石碑
移至新都桂湖碑林，妥善保存。

娘娘庙·杀妻告庙，损身酬烈祖

地址：青羊区西马道街50号　现状：为居民大杂院，破坏十分严重

58

"俗传三月三日为送子娘娘生辰，省城之延庆寺、**娘娘庙各处，演剧酬神**。会首则大肆饕餮，并用木雕之四五寸长童子童女若干，在神殿前抛掷丛人处，**待人争抢**。抢得童子者，即于是夜用鼓乐、旗伞、灯烛、火炮，将童子置于彩亭中……比真正得子者尤为热闹。"这是清时所记娘娘诞日庙前的盛况。

百余年后的农历三月初三，我们早早地来到北门古娘娘庙，亲历一下娘娘今世的诞日。娘娘庙与文殊院仅一墙之隔，当年殿宇重重的祠庙如今已是支离破碎，凌乱不堪，成了车夫小贩混居的大杂院。唯有一间十余平米的小厢房还供奉着神灵，续着香火。我们到时，小小的香堂里已挤进了二十多位香客，她们多是附近的居户，相互熟识，行香、拜神、诵唱等一番仪轨过后，大家三三两两聚作一团，拉起了家常。

孙至清是娘娘庙里唯一一位坤道，八岁在这里出家，一呆就是七十多年。或许是多年修行的缘故，八十岁老人的脸上居然少有皱纹，皮肤光泽细滑，真的是鹤发童颜。聊着聊着，与孙师傅的谈话自然回到了娘娘庙的过去。娘娘庙原名"广生宫"，据说最早是刘备的家庙，是昭烈皇帝子孙祭拜先祖的地方。建于何时已无从考证，但孙师傅还记得最后一次重修是在清咸丰年间。重修后的娘娘庙规模很大，大小殿堂近三十间，有三清殿、真武殿、斗姥殿、观音殿、娘娘殿、皇经楼、祖堂、客堂……对于曾经香烟缭绕的殿堂厢房，孙师傅如数家珍。而其中娘娘殿供奉的两位娘娘正是蜀汉北地王刘谌的两位夫人。

刘谌，刘备之孙，刘禅第五子。据史书记载，后主刘禅共生有七子，七子中唯刘谌英敏过人，余皆儒善。话说当年魏国大将邓艾率偏师出奇兵，绕过姜维的大军，抄小道直取蜀都成都。昏聩无能的后主刘禅听闻后，即刻慌了手脚，不知所措，竟采纳了谯周的建议降魏。这时，北地王刘谌冲入宫中，力劝父亲坚守城池，以待姜维援兵。刘禅非但不听，反而斥责儿子不识天时。刘谌见父亲降意已决，于是来到刘氏家庙，哭告先主，继而挥剑杀死夫人和三个孩子，再奔至城南惠陵前，大哭一场，拔剑自刎。就在刘谌杀妻告庙、以身殉国的第二日，他那窝囊的父亲反缚双手，抬着棺椁，率领文武群臣到魏军营前纳土归降。先帝爷刘备所创立的蜀汉国在历经短短四十二年后，社稷就此殄灭。

孙至清，娘娘庙里唯一一位坤道，八岁在此出家，一待就是七十多年。或许是多年修行的缘故，八十岁老人的脸上居然少有皱纹，皮肤光泽细滑，真的是鹤发童颜。

蜀地百姓为纪念北地王及其两位夫人，将刘谌的塑像供奉在了汉昭烈庙刘备的像旁，时时陪祀。刘氏家庙后来则改作了广生宫，什么三清天尊、玉皇大帝、真武大帝、斗姆姥姥，凡道家的神仙都一一请了进来，并专立一殿，供奉刘谌的两位娘娘。时间一长，人们忘了娘娘的身世，只知她们是管送子的神仙，于是求早生贵子的，求延续香火的，求多子多福的，那些盼望生子的妇女挤满了殿堂。三月三是娘娘的诞日，每到那天，娘娘庙前就里三层外三层地被围了个水泄不通，踩高跷扮"鸡脚神"的，挂油灯向神乞愿的，抢童子以求人丁兴旺的，各种民俗活动层出不穷。人们还将两位娘娘从祭坛上请下，沐浴更衣，披红挂绿，好一番精心打扮，再用花轿抬着，敲锣打鼓地沿街走上那么一圈，说是"送娘娘出嫁"。一年一度，好不热闹。

　　娘娘庙的香火延续了近两千年，直到上世纪五十年代，才渐渐熄灭。先是一家街道织布厂和数十家住户涌进了古娘娘庙，胡搭乱建；接着那些被膜拜了好几百年的铜像泥塑，以及木雕的二位娘娘都被一一拖出广生宫，铜的铁的化水，泥的捣成灰，木雕的自是进了火塘。我们在娘娘庙里里外外踅摸了半天，也没弄清老庙殿堂厢房的分布与结构，太多的砖墙将庙宇分隔得支离破碎。曾经的重殿叠宇，曾经的袅袅青烟，已成漏檐残房，一派残破相。大门处的两扇红漆木门隐有字迹，细细辨认，分别刻有"维坤镇位"、"融圆相妙"等字样。孙师傅告诉我们，这两扇木门都是过去殿上的匾额。像这样的大匾，庙里曾悬有五十多块，除了这两块被卸下做了门板外，其余的都没有留下，多当了柴火，变了灰烬。

两扇红木大门是由两块大匾改造而成，
分别刻有"维坤镇位"和"融圆相妙"四个大字

搭满了住户的古娘娘庙

近三十间殿堂的古娘娘庙，
如今仅余一间小屋还奉着香火

外出归来的孙至清老人

63

成都三国遗迹一览

武担山: 刘备在武担山之南设坛称帝。

蜀汉皇宫: 即今人民南路北端，红照壁一带。

汉昭烈庙: 今武侯祠，为君臣合庙。

三义庙: 原名三义祠，位于成都市提督街。始建于清康熙年间。

三圣祠: 在青年路附近，是纪念刘、关、张的祠庙。

五块石: 传说是修建刘备陵墓时剩下的余料。

洗面桥: 相传关羽去世后，刘备常来关羽墓前拜祭二弟，每至墓北小桥时，必下马至河边洗脸整装，以示对逝去兄弟的恭敬，后人于是称这座小桥为"洗面桥"。

娘娘庙: 西马道街50号，相传这里曾是刘谌的家庙。

惠陵: 今武侯祠内，刘备及其两个妻子合葬于此。

诸葛井、祠: 明嘉靖时，四川巡抚王大用曾在大慈寺西建诸葛祠，凿诸葛井，以缅怀先贤。街以井名，得名"诸葛井街"，后更名为"东锦江街"、江南馆街"。

丞相府: 诸葛亮丞相府离皇宫不远，约在今红照壁一带。

观星台: 位于正府街。蜀汉在此建观星台，传刘备、诸葛亮曾于此观星。

点将台: 位于东风大桥附近的点将台街，相传是诸葛丞相操兵点将的较场。上世纪七十年代，这东门外的点将村尚是一片绿畦田畴的田园风光，后纳入了城区，建了楼宇，八十年代初时还遗了一方阔约三百米的大土台。

九里堤: 由城西北郊一直延伸至北门龙王庙的一条长堤，长约九里，故名。相传为诸葛亮为阻水患而垒筑的一条堤坝。清时立诸葛庙、丞相像于堤上。解放后，庙宇、塑像全毁，现仅存土埂38米，护于条石草坪之下。

八阵图: 位于青白江区，为诸葛亮统率蜀军的演兵场。

万里桥: 诸葛亮送东吴费祎于此。

老关庙: 祭祀关羽的庙宇，庙毁，仅存街名。

小关庙: 祭祀关平的庙宇，庙毁，仅存街名。

衣冠庙: 据说当年关羽被杀后，尸骸未能运回成都。刘备为招其魂，拾身前战衣甲胄葬于城南，立衣冠庙以作祭祀。民国时，政府曾在衣冠庙设戒烟所，专门羁押烟犯，后墓祠俱毁，唯留"衣冠庙"一名。

张爷庙: 今桓侯巷，庙内供奉张飞塑像。

赵云洗马池: 位于和平街，传说是蜀汉大将赵云的故宅。

马超墓: 位于新都区马超村，由于年代久远，庙、墓均毁。

黄忠墓: 位于营门口黄忠村，为蜀汉大将黄忠的墓祠。解放后，黄忠祠、黄忠墓相继被毁。现有黄忠街和黄忠小区。

营门口: 传说这里曾是老将黄忠驻军的营门所在地。

向宠墓: 其墓在今城北花园内，现已不存。

邓艾庙: 西胜街一带，祭祀邓艾的庙宇，庙毁。

五块石.
传说修建刘备墓时剩下的余料

汉昭烈

武

惠陵
刘备的陵墓

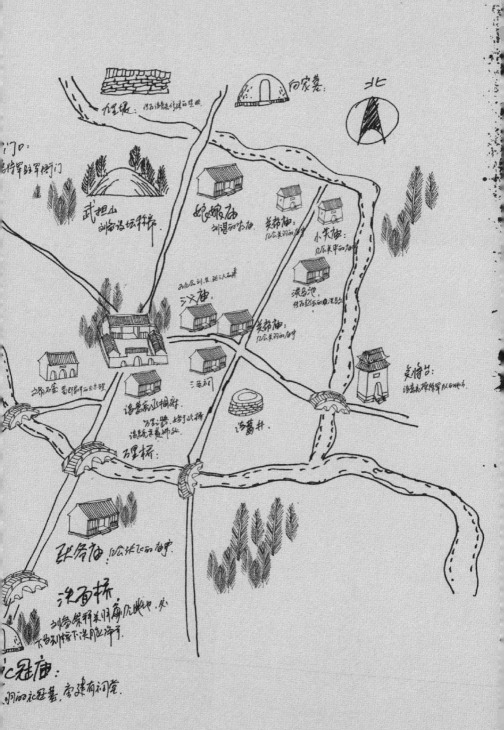

65

二十二里城

　　这是一座两千多年来，城名城址都未曾更变过的城市，也是一座历史上无比繁荣和辉煌的城市。虽说它有着高大而坚实的城垣，但也未能抵挡住入侵者的蹂躏。每一次的更迭兴废，都会在这座城池的身上留下累累的伤痕。城垣一次又一次地被修复，也一次又一次地被摧毁。直到有一天，城里人忽然发现，这条环绕在四周的城垣非但护卫不了这座城市，还为城里人的出行、逃离带来了诸多不便，于是陆续拆除了几段。再后来，伟人的一句"先进落后论"，弄的全城干部市民疯了似的整日爬在城垣上。剥离城砖，送去垒高炉，砌河堤水道人防工程。扒下夯土，烧制成一块块备战砖：二十二里古城垣就此殆尽。半个多世纪后，我们终究不信成都城垣仅存一段的说法，再来重寻旧迹，终在楼宇厂房间又拾得五六段颓垣败壁，还有昔日护卫这座城池的古城隍庙。

成都，更迭兴废之城

　　早在战国早期，秦、蜀两国就为争夺汉中屡有纷争，战事虽以蜀国的获胜而宣告结束，但两国的国君却行的是截然相反的治国之策。开明氏继续坐拥天府之地，固步自封，乐于现状；秦孝公却力图变法，志在天下。蜀国，于是成为秦人战略版图上一步关键的棋子。"得其地足以广国"，"取其财足以富民缮兵"，"得蜀则得楚，楚亡则天下并矣"。公元前316年，蜀国被灭，秦人遂设蜀郡，治成都，移民生产。

　　公元前311年，大夫张仪在蜀王城南仿咸阳筑秦城。秦城分东西两部，东为大城，是秦署廨屯营及移民的驻地；西为少城，为百工技匠、行商庶民杂居的外城。相传当年张仪筑城初时，筑一段塌一段，后来干脆建了座塔楼，从高处观察地形，就势而筑，终得以落成，眺望高楼即成了著名的"张仪楼"。也有说秦城是沿龟迹而筑，故又名"龟化城"。汉代沿袭秦制，在大城少城外增筑锦官、车官、学官三城。西汉后期，成都人口已增至七万余户，成为仅次于长安的第二大城市。蜀汉后主刘禅即位后，于秦大城北部兴建皇宫，即今省展览馆稍东一带。"金城石郭，兼匝中区，既丽且崇，实号成都。辟二九之通门，画方轨之广涂……比屋连甍，千庑万屋。"隋开皇二年(586年)，文帝四子杨秀入主成都，拓筑少城，取土所遗下的大坑营造为池苑，置散花楼。这就是后来成为前、后蜀皇家园林的"摩诃池"。秦汉至隋的这八百余年间，成都城虽历代屡有修缮增建，但城市的格局和规模均还袭的是秦汉的遗风。

　　唐中期，玄宗避祸成都，改称"南京"。中原人士大量涌入，从而大大促进了成都经济文化的繁荣，于是有了"天下之盛，扬为一，而蜀次之"的说法。唐末，南诏国屡犯西川，数度兵围成都。弄得西川节度使高骈一面遣使稳住南诏王，一面加紧增筑罗城，巩固城防。高骈见蜀地土质太差，极易坍塌毁坏，便改用烧制的大砖垒城，这也是成都筑砖城之始。罗城改原秦大城为"子城"，并以其为中心向四围扩建，筑成周长25里、楼橹廊庑5608间、城门十座的恢弘城池。五代，前蜀王建改"子城"为皇城，内筑宫城。后蜀孟知祥于罗城外增筑外郭"羊马城"，城周达四十二里。至此，成都已营建成为集宫城、皇城、罗城、外郭四重城廓的繁华都市。晚唐五代时的西蜀，文学、绘画、曲乐、戏剧等已发展至顶峰，盛极一时。南宋末年，蒙古蛮兵三入成都，烧杀焚掠，千年古都毁于一旦。

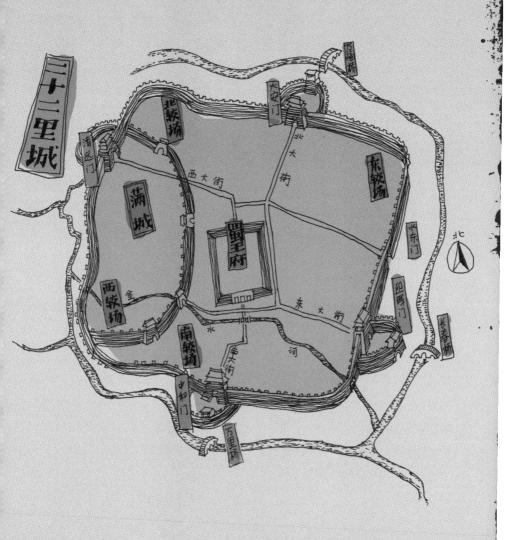

三十二里城

地练场　天安门　东华城
涌华门　　　　北大街
满城　　　西大街
西练场　四郡府
金　　南练场　东大街
中和门　迎晖门
万里府　长春桥

明洪武年间，汉唐子城尽废，营造蜀王府，重筑城垣。明城垣设门楼五座，分别是东门迎晖、西门清远、南门中和、北门大安，以及小西门。1644年，张献忠入成都，做起了大西国皇帝。可皇帝宝座坐了不到两年，就急急忙忙撤离了成都城，走时还不忘令焚了他的国都。一时间，蜀都殿舍倾圮，桥廓崩塌，城池尽毁，"惟见草木充塞，麋鹿纵横，凡市廛闾巷，官民居址，不可复识"。以至于连省治都暂设阆中，长达十三年。

清顺治十六年(1659年)，省治回迁成都。此时的成都府满目疮痍，百废待兴。人们首先恢复了千古圣贤之地孔庙，以重建儒家人伦礼教观念。继而是修筑城垣，再造桥梁。接着，青羊宫、先主庙、武侯祠等宫观祠庙一一得以修茸复建。随着大量湖广移民入川垦荒，蜀地经济逐渐得以复苏。乾隆四十八年（1783年），即大浩劫过去一百多年后，四川总督福康安请款六十万，集全川之力，彻底重筑成都城垣。工程历时三年完成，重修后的成都城周长二十二里八分，砖高八十一层，大堆房十二座，小堆房二十八座，八角楼四座，炮楼四座。四门城楼顶高五丈，分别为东门"溥济楼"、西门"江源楼"、南门"浣溪楼"、北门"涵泽楼"，字字带水，以治火患（筑城次年，成都即发一场大火，火势蔓延烧了近大半城）。门外设瓮城环卫，城门双重。时人记载"其楼观壮丽，城堞完固，冠于西南"。

民国初期，当局为方便交通出行，开始逐步拆除成都部分城垣，先后增辟了新西门（通惠门）、新东门（武成门）、新南门（复兴门）。抗战期间，城墙再度被开出一些缺口，以便于及时疏散城中百姓。时间到了1958年，老人家一句"拆墙是先进，不拆是落后"，弄得全城干部群众争先恐后，大干快上，拆下的城砖也未废掉，垒了桥梁、小高炉、下水道、人防工程……转瞬间把长达二十多里的古城墙吞噬得干干净净，仅在北较场留下一段五百余米的残墙护卫军区大院。六十年代，那些集体头脑发热的国人竟然又将"皇城"和"与中央分庭抗礼"扯上关系。于是又一阵大干快上，拆了皇城，立起了伟大的"毛泽东思想万岁展览馆"。

北较场城垣

清时演武骑射，民国黄埔军魂

地址：金牛区北较场西路与武都路交界处　现状：保存较好，为军区围墙

　　成都北门名曰"大安"，楼高十余米，外置瓮城，券门双重。其内与北大街、鼓楼北街相通，可直抵四川最高军事衙门提督府；外连万福桥，过了此桥，一路向北即与川陕大道相接，近可至天回镇、新都城，远可达京师，是商旅走卒频繁往来的古商路。当年司马相如初入长安，走的就是这北门外的古道，故留下"驷马桥"一名。北上古道同时也是**朝廷官员往来和朝报奏章传递的重要驿路**。因此在清初重建成都城时，地方官吏率先铺设整修的正是这北门驿道。**"宽平修整，履之坦然"**，因此有了"驷马桥头石路平"一说。

　　上世纪五十年代，成都二十余里城垣拆除殆尽，唯有北较场一段约五百米的残墙，因托军区大院的福，有幸保留了下来，这也是留在全城市民印象中仅有的一段城垣记忆。

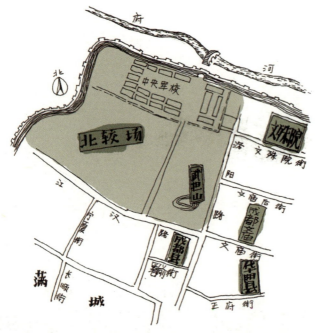

上世纪五十年代，成都二十余里城垣拆除殆尽，唯有北较场一段约五百米的残墙，因托军区大院的福，有幸保留了下来，这也是留在全城市民印象中仅有的一段城垣记忆。

73

北较场，成都西北角的一片开阔地。自清以前，朝廷在城内东、西、南、北各设一个较场，驻扎兵士，练习弓马骑射。北较场因占地最广，位列四大较场之首，设有演武厅，乡试期间的武闱大比也多在此进行。清有竹枝词云："鼓楼西望满城宽，鼓楼南望王城蟠。鼓楼东望人烟密，鼓楼北望号营盘。"由此可见旧时成都城防的大致格局，西为满城，南是皇城，东系人口密集的商业区，北为旌旗猎猎的营房大较场。清末到民初，两朝军政衙门先后在北较场创办武备学堂、四川陆军速成学校、四川陆军小武备学堂、四川陆军测绘学堂、四川军官学校、四川军官速成学校，等等。

1935年，国民政府为培养训练西南各部军官，在成都北较场原军事学堂基础上设立黄埔陆军学校成都分校，并以川、黔部队的初级军官为招收对象。1937年，抗战爆发，黄埔军校西迁成都，并以北较场为军校本部，另设兵营于西较场、南较场、东较场、青羊宫、草堂和新都宝光寺等地。军校置南、北、东三座校门。南门即大校门，入内沿中轴线分设二校门、中正堂等建筑。校内大操场占地三百余亩，可容万余官兵在此接受检阅。黄埔本校迁来后，当年刘备设坛称帝的武担山遂被圈入校内，并于山上筑了座七级六面的瞭望塔，以及一间六角石亭。解放后，昔日黄埔军校的大校门、二校门、中正堂以及其他营房建筑多已拆除另建，唯有蒋校长曾下榻过的军校官邸黄埔楼、留下黄埔师生美好记忆的瞭望塔依然屹立在北较场内。除此之外，就是充作军校围墙的北城垣了。

在军区大院北的武都路上保留有一段古城垣，城垣中开一券门，乃当年黄埔军校的北门，又名"存正门"。门内洞壁左右各有一方水泥封盖过的痕迹。关于这两方封痕，还得从蒋校长视察军校说起。话说当年初建黄埔分校时，在军校北面的城垣上辟出一道便门，以方便师生出入。时任分校副主任的彭武扬一时兴起，给新开的北门命名为"存正"，一来取"正气长存"之意，二来也应了蒋校长的名号。为此他专门写了一篇《存正门命名记》，与分校主任李明灏、中校秘书贺鹏武所题诗文一并刻石嵌了存正门的内壁上。一日，蒋介石来分校视察，路过存正门时见壁上三人所题诗文，心中不悦，低声向随行的李明灏质问道："贺鹏武是何人？他对党国有何功劳？"没等李明灏开口，校长接着又问："你们现在就要留名呀？"李明灏这才明白蒋校长平生最不喜部下肆意留名。第二天，李明灏忙派人将两方题刻敷上了水泥，直至今日也未曾开启过。

相较之下，黄埔成都军校远不及广州、南京军校的名气响亮，甚至土生土长的成都人也未必有多少人知晓这段史实。但黄埔陆军学校在成都的时间最长，毕业的人数也最多。大陆二十三期学员中，有十期学员、两万余人先后毕业于成都，其中一万五千余人毕业于1938年至1944年间。

住于军区大院中的存正门

1949年12月3日，蒋介石再次来到北较场大操场，最后一次检阅了他的学生。据说那天大雾弥漫，久久未能散去。好不容易等到阅兵式开始，飘扬的青白白日旗竟然在升旗过程中旗绳拉断，落到了地上。六天后，邓锡侯、潘文华、刘文辉联名在川西发表通电起义。十八天后，成都宣告解放。

同仁路残垣·惊探神秘藏兵洞

地址：青羊区下同仁路口　现状：为水表厂与化工厂之间的围墙，内有可容纳百余人的藏

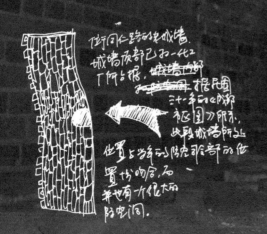

成都北较场与满城毗邻，穿过宁夏街南的延康门（满城北门）就进了满城。清康熙年间，朝廷依成都西垣增筑了一城，驻防八旗官兵，以**镇慑西南川藏**，时称"满城"，又名"少城"。首批奉命驻留的旗兵约一千六百人，加上眷属共计五千余人。成都西城垣、西较场、南较场，连同城西门户"大西门"也一并被圈入了城内。

　　大西门正式的名号叫作"清远门"，位于满城的西北角，即今同仁路与西大街的交会处，是旧时西出成都府的重要关隘。出了大西门，铺有一条长长的石板大街，店铺鳞次相接，做的却多是石灰生意，为过去成都著名的石灰市场。石灰街西与花牌坊街相连，花牌坊乃清道光年间官府为表彰刘氏女子而立的节孝牌坊，因雕镂工丽，故得此名。街旁有一西林寺，虽算不上什么名刹，但寺中所培植的黑白牡丹曾名冠一时，与相邻的万佛寺同以花木之胜享誉容城，有"花寺"之称。过了花牌坊街，乃乡农市，成都四大米市之一。四乡农人的蔬菜蛋禽、竹器农具等农副产品也都汇集至此进行交易。因往来的鸡公车太多，得了个"车码头"的诨名。再西行，即营门口，当年老将军黄忠安营扎寨的驻地。继续西行，可至茶店子，至郫县祭望丛二帝，至灌县拜李冰父子。

　　同仁路，成都旧城最西端的一条老街，因辛亥后办有解决旗人生计问题的"同仁教养工厂"（取一视同仁之意）而得名。街东，五十条旗人胡同纵横密集，瓦舍庭院重重相加；街西，一条长龙逶迤横亘，巍峨雄峙。多年后的今天，西城垣与其他老城垣一样，早已被人们从记忆中彻底抹去。是真的无了踪迹，还是我们的自我意识在作祟？

　　长长的同仁路由北至南分了上、中、下三段，大路两旁塞满了近二十年来所建造的各式宿舍楼宇和商厦，接栋连檐，实难有一处隙地能容下一段古老的残垣。不过到了下同仁路口，倒出现了一片错落重叠的低矮瓦房，试着问了问路边的老哥，"这附近还有老城墙吗？""有啊，脚底下就是！"，再次仔细环顾了下四周，还是那些随意搭建、破烂不堪的瓦屋，一时无语。老哥见关子也卖得差不多了，又说道："上面那些房子就是建在城墙上的，只有到了隔壁水表厂里，才可以看到老城墙的样子。"谢过老哥后，转身进了水表厂。

洞里的气息
是那种聚了数百年
的腐味、霉味、潮味、湿味。
我们不停按下快门,
以便能及时从显示屏里
观察到面前和脚下的任何异物。

水表厂不大，穿过配装车间就是城垣了。城垣残高约九米，长约三十余米，其中一半用来搭了间自行车棚。残垣顶上没了城堞垛口，生满了荒草，那些小瓦屋就沿着城垣顶一间接着一间地铺陈开去。残垣中部开有一高约两米的拱形券门，洞里黑黑的，由于偶然的造访，身上没带任何的照明工具。但强烈的好奇心还是把我们领进了这个伸手不见五指的陌生洞穴。我们借助数码相机的闪光灯，边走边拍，通过显示屏来随时观察洞里的情况，一步一步地向洞里挪动。洞里的气息是那种聚了数百年的腐味、霉味、潮味、湿味，我们不停按下快门，以便能及时从显示屏里观察到面前和脚下的任何异物。沿着狭窄的通道挪了十余步，进到一个较为敞阔的空间，我们前后左右一阵狂闪，终从显示屏里看见了我们所处的神秘洞穴。

　　这是一个平面呈"凹"字形的藏兵洞，青石大砖砌筑，拱券圆洞，高约三米，长约二十余米，宽四米有余，可容兵士百余人，是当年储藏物资以及藏匿军士的地方。甬道上方架有铁制横梁，因年代久远，早已是锈迹斑斑。正对甬道的墙上用红漆写着"汽油"、"油X"字样，并绘有箭头指明了储存区域。藏兵洞的东西南北四个方向均有洞口甬道通往其他地方，但除了我们进入的西入口外，其余三个洞口甬道皆已用红砖砌了墙，堵住了去路。短暂停留后，我还是匆匆出了洞穴，害怕惊扰了那些沉睡许久的魂灵。

　　从漆黑潮湿的洞穴里出来，穿过水表车间，再次谢过指路的老哥。路边精美的地产广告正围着一个轰隆隆的楼盘工地，煽情的广告语追忆着过去，也展望着未来。宽窄巷子的惊艳华美被游人带出巷口，也溢到了同仁路上。刚才的瞬间和现在的一切让我们还一时无法适应，犹如过了次时光隧道。到家后，看了看1942年出版的《成都市区图》，白天偶入的神秘藏兵洞，在图上相对应的地方却有着明确标注——防空司令部。

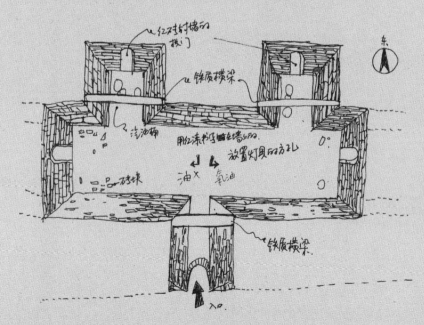

依城垣而建的红砖屋

房间的地面即是垣顶

层层叠砌的西城垣

砖砌拱券隐约可见

大石垒筑的垣基

城垣上的拱形券门

通往城垣内部的甬道

当年搁置灯盏的方穴

不见五指的神秘洞穴

下莲池古城垣

最后的南城城垣，最后的铭记

地址：锦江区下莲池街12号　现状：为两居民院之间的隔墙，许多墙砖上刻有文字

因家住城南的缘故，幼时对南门的城垣多少有些印象。那时刚三四岁，跟着母亲从单位回家，一路上过了哪些街（现在复原起来应是书院街、纱帽街、三圣街、下莲池街、新南门等），穿过哪些市场已没有了印象，唯独对这城墙上的便道记忆犹新。这是我未曾走过的一条路，窄窄的，里侧是一长排高低错落的破瓦屋，外边是高高的石砌堡坎，坎下的锦江河很宽，在我看来，简直就是悬崖陡壁，害怕极了。母亲告诉我，这就是过去的老城墙。

接下来的三十多年里，上学、考试、读书、工作，我再没有想起过幼时所走的那段老城垣，老城垣也自在悄无声息中被平为了马路。如今常识告诉我们，成都除了北较场，早已没了城垣的痕迹。再看看锦江河岸宽阔的马路，高耸的楼宇。老城垣，或许真只是存在于记忆中的风物。但我们还是去寻了，或许算是对幼时记忆的一个交代吧。

"现在哪还有啥子城墙唷！"

"没有了，六几年七几年就拆光了！"

"以前有，但早就拆了，只有北较场那里还有一点。"

墙体上覆着一层厚厚的泥土，胡乱长了些杂草。整个城垣被削去大半，以至于顶部与居民楼二楼的窗台一般高。二楼的大爷也乐得多了一方平台，索性将墙顶当成了自家花园，种了好些花草盆栽。

所有的老人都如是说。回答虽然都在意料之中，但多少还是有些失望，就在我们准备放弃寻找时，一位姓杜的门卫师傅说了句："还有一点老城墙，我带你们去找。"很快，我们来到滨江东路226号，这是一个上世纪八九十年代修建的居住小区，杜师傅所说的城垣残迹就横在临时搭建的自行车棚内，只不过高大的墙体已被拆除，剩下很小一段红砂石砌成的墙基。出了居民院，我们又来到仅一街之隔的下莲池街12号院，同样的一座居民大院。进了大门，绕过单元楼，一段古老的城垣呈现在我们面前。这是一段长约二十余米的残垣，高约四五米，其中一段搭了间车棚，敷上了水泥。墙体上覆着一层厚厚的泥土，胡乱长了些杂草。整个城垣被削去大半，以至于顶部与居民楼二楼的窗台一般高。二楼的大爷也乐得多了一方平台，索性将墙顶当成了自家花园，种了好些花草盆栽。

　　下莲池街的这段城垣虽说残破得厉害，但却保留有不少刻有铭文的城墙砖，如"团"、"八段彭记"等。成都的城垣自明末被毁后，有过多次重修，一是康熙初年，四川巡抚、布政使、按察使、成都华阳两地知府知县共同捐资修葺。二是雍正初年，巡抚宪德对老城垣加以补修。三是乾隆四十八年（1783年），四川总督福康安主持彻底重修成都城。这次重修集全川之力，历时三年完成。由于工程浩大，重修工程由各州县分段承包，按统一制式进行施工。城垣以大红砂条石为基，上以砾石黄土层层夯实，再用大砖砌筑厚近一米的外壁，砖缝处用糯米浆、桐油拌石灰勾嵌粘合。筑城大砖以优质粘土统一烧造而成，长宽厚分约40、20和10厘米。砖上还印有各州县窑口名号，及监造督工人员的姓名，以便核查。对于此次大修，乾隆皇帝颇为重视，派出工部侍郎入蜀验收，还命四川总督将城垣各段是否坚固以及预算有无浮冒之处据实查勘奏报。

　　城垣的外侧属了另一住宅小区，同样还是未能逃脱自行车棚的命运。因治理有方，小区看起来要干净整洁许多，残缺的古城垣也入乡随了俗，被水泥石灰抹得平整光滑。

成都城垣多为乾隆四十八年所筑。
整个工程集全川之力，
历时两年完成，
城墙砖由各州县分别烧制而成，
所制墙砖皆印各州县窑口名号
及监造督工人员的姓名，
以便核查。

青莲街残垣·金河出城处, 水警缉私地

地址: 锦江区青莲上街　现状: 现存残垣二三十米及防空洞

　　旧时的成都府**三城相迭, 两江环抱**。城为大城、少城、皇城; 江为府河、南河。除此之外, 还有一水穿城而过。此水源自外西磨底河, 经西较场、少城公园、皇城坝、染房街、青石桥、龙王庙、拱背桥, 再穿大东门南的水闸, 流入府河。因其形状如衣襟, 故得名"襟河", 后更名为"金水河"。金水河由四川节度使白敏中主持开凿于宣宗大中七年 (852年), 自水系贯城而过后, 历代官吏屡有疏淘治理, 尤其是清乾隆以后, 地方官吏绅商纷纷捐资纳银, 广筑桥梁, 疏浚河道, 在金水河上架桥二十二座, 使商民舟楫往来更加方便。时人记载: "沿河一带, 俱为商贾阛阓辐辏之所, 凡客船一至东关, 货物行李皆用小船拨运入城……" 小桥流水人家, 往来舟楫如梳, 俨然是江南水乡的韵致。

　　金水河穿城而过, 不但在绿溪上留下了条条桥影, 也为这座城市淤积了许多河池塘湾, 如城南的上、中、下三个莲池。上莲池在文庙南, 阔约五十亩, 池上筑祭水神的江渎池。池西为汪家花园, 即今汪家拐街。中莲池位于东府街与前卫街间, 广十亩。下莲池位于王家坝西, 都是一方方莲藕水禽、荷香满塘的胜致幽景。清光绪二年 (1876年), 丁宝桢奉调四川出任总督, 在下莲池一带创办了四川近代第一座机器制造厂四川机械局。直到入了民国, 下莲池街一带仍作为四川兵工厂下属的一间分厂。金水河经下莲池, 入机器局, 最后由东城垣水闸出了城廓。城的东南乃府河、南河、金河三水交汇处, 行旅络绎, 买卖最为繁盛。临河设了若干码头, 湾泊那些东来的商舶客船。凡外州县的米炭蔬果、土产杂货抵达东水闸后都得在此泊舟靠岸, 卸下货物, 换上小船, 再装运入城。作为东南通衢, 旧时衙门在河岸水神祠内设"水道警察局", 一来管理河道治安, 二来盘查缉拿缉私贩黑、白、红三货的船只。

　　距下莲池街不远处的青莲上街一带, 即昔日金水河故道的出城处, 也是当年水道警察局的驻地。自民国始拆城垣起, 人们就陆续开始取城砖在城垣下就近搭建房屋, 继而形成街巷。青莲上街正是一片依城垣而建的老街, 如今街上青砖乌瓦的老屋鳞次相接, 一派败相, 早已属于旧城改造的对象。我们去时, 拆迁工作已进入了尾声, 那些颓垣瓦的老屋基本被拆除。遍地砖石间, 唯有青莲上街45号院还依然坚挺着。这是一处包有铁皮大门的旧式小院, 青砖的小屋刚刚人去楼空, 大槐树下还散发着槐花的清香。入口的两侧壁上, 各嵌有一方椭圆形的饰物, 上以青色绘有图案, 极似那种民国署衙机构的标识。小院左右后面搭建的屋舍多已拆除干净, 被各种民房窝棚覆盖了数十年的老城垣

青莲上街老宅

青莲上街45号院

院内壁上的椭圆形饰物

青砖小屋

下水沟也用城墙砖垒砌

满地的城墙砖

城垣马面

城砖砌成的踏步

墙砖所刻铭文"八段罗顺"

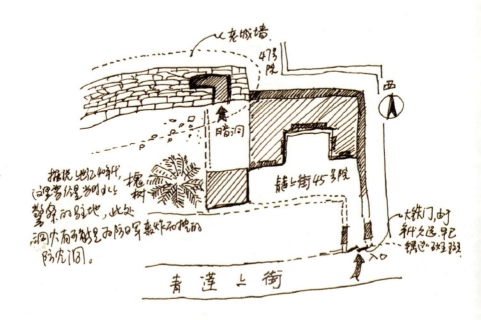

据说上世纪四十年代，这里曾作为水道警察的驻地，此处洞大有可能是为防日军轰炸而挖的防空洞。

老城墙 45号院

暗洞

槐树

青莲上街45号院

大铁门，时许久远，已锈迹斑驳

入口

西

青莲上街

终得以显出真容。这是段长约二三十米的残垣，最高处约七八米，低处仅两米有余。废墟中散落着的多是些当年从城垣上扒下来的青黑大砖，就连遗下的房基、水沟、花台等设施也无一不是用城砖垒砌筑成。城垣中部开有一方形洞口，洞口不大，仅能容一人猫身进入。这是一个高宽均约两米、平面呈"L"形的券洞，入口顶部架有数根木质横梁，但由于时隔久远，已有些腐烂。券洞位于城垣外侧，且面积很小，仅能容十余人在此藏身，不像是清时作为藏兵御敌的藏兵洞，更像是抗战期间人们为躲避日军空袭而临时开挖修筑的防空洞。

二十世纪六七十年代，全国人民"深挖洞"以备战备荒，长达五公里的金水河被填平，改筑成地下人防工程。流淌了千余年的金水河就此湮没，埋入了地下。河上的二十二座古桥悉数被毁，多成了地名。两江环抱、一水穿城的锦官城再无了船影。多年以后，我们重寻旧迹，唯在这金水河出城处拾得一段古老的城垣。青莲上街45号院的椭圆形影壁、槐花树下的青砖小屋，以及屋后的防空洞，是否与昔日的东门水闸、水道警察局有关，我们已难知晓。

洞口前原住着一户老人，
老人性格孤僻怪异，
很少与外人交往。
他在洞口前供了神龛，
因此作了好几十年的邻居，
都不知道老人屋里还藏有一方洞穴。

水东门·帆樯林立，昔时水码头

地址：锦江区天涯石东街　　现状：为一居住小区的中心花园

府河、南河萦绕环抱，金水河穿城而过，三河汇为一股，悠悠东去的同时，也为这座城市留下湖塘池沼二十余处、石木桥梁近两百条，沿水码头河埠数之不尽，其中仅较大的客货码头就多达十二座。如万福桥、上河坝、下南海、水东门、迎晖门、九眼桥、上莲池、下莲池、万里桥等都是过去集散两旺的水陆码头。人们行商贩货，访亲寻友，以及地方的奏章信函传送，走的多是水路。借府河、南河二水，出东门，经望江楼、黄龙溪，一路南下，汇入岷江，再过眉山、乐山、宜宾、泸州等地，抵达重庆，再越瞿塘西陵，可东通荆楚吴地。因此在成都的各大码头中，东门一带货物往来最为繁盛。各州县的稻米、薪炭、木材、土产、竹器，重庆府的洋油棉纱、京广杂货多集于东门外水码头。据统计，民国初时，东门码头的客货量占整个成都的半数以上。

东门临河辟有两门，南为迎晖门，北为水东门。迎晖门即大东门，重垣双门，内接市廛最盛的商业大街东大街，外通连接川渝两地的通衢大道东大路，再有水路可直达重庆府，是旧时出城东行的主要门户；水东门不同于那四大城门，有月城环卫，有壮丽的楼阁，唯有一道水门以通舟楫。如今迎晖门一带成了更为敞阔的通衢，再无旧迹。水东门在后来的建设中，被层层叠叠依城而筑的屋舍窝棚所覆盖，六十多年不曾见天日，直到新世纪的地产大开发，拆了颓屋败瓦，水东门古城垣才得以显露。在一片施工工地上，我们见到了最后的水东门残垣。

90

水东门不同于那四大城门，
有月城环卫，
有壮丽的楼阁，
唯有一道水门以通舟楫。

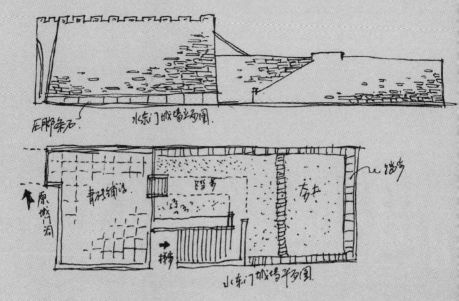

城门包条石. 水东门城墙立面图.

原城门洞 青砖铺设 踏步 →楼梯 青石 水东门城墙平面图.

这是目前成都保存最为完好的一段老城垣，基石、梯道、踏步、城堞、垛口，除了城门楼子和洞子，一座城关相应的设施一应俱全。残垣长约四五十米，高约十米，全由青黑大砖砌成。沿梯拾级而上，即是垣顶。垣顶宽约十余米，其中砖石砌筑的垣壁宽一米有余，中间墙心部分均为土石夯筑而成，日久年深，上面生满了杂树荒草。城楼高出垣顶约两三米，铺有地砖，设有垛堞，即使昔日水门拱券的痕迹也隐隐可见。城外百余米处即是府河喧闹嘈杂的水东门码头。

码头左右依河生出了东安街、天仙桥街、望平街、椒子街等数条河街。沿街堆栈店房栉比，粮号、油行、盐庄、布衣店，百货土杂罗列，无所不备。除了依河而设的堆场商号外，沿河茶铺酒馆也开有不少，十数张茶桌条凳，或占个拐角，或临水而居。一路舟车劳顿的贩夫船工们拢了岸，就泡进了茶馆，看着码头上的百十个挑夫脚力起卸装运货物。次日五更，船工们又早早地起床，撑篙驾橹，载着满船丝帛茶叶迎着晨晖起航东行了。水东门外有间尼姑庵，名为"痘疹庵"，想必与过去的天花疫情有关。庵旁开了个粥厂，常年施舍粥饭，救济那些流落至此的难民和贫困人家。解放后撤消了这一慈善机构，改作了小学。抗战期间，成都时时会遭到日机的轰炸，警报一响，人们扶老携幼从水东门涌向城外，躲避空袭。由于人多门小，踩踏至死者不在少数，于是当局拆掉一些城垣，方便大家出行。多年以后，人们靠着残垣搭建房屋，层层叠加，终覆住了城垣，使之有幸保全了下来。

早在过去，水东门外府河环绕，水陌绿畦，几间竹篱茅舍点缀其间。虽没有巍峨的城门楼子，但在这东门一带也算得上是处雄峻的高台。站在城上，江水田畴，尽收眼底。到如今，还别说这远近的楼宇广厦，仅所身陷的小区工地，四面就已是高楼耸立，如桶壁一般。

登城梯步　　昔日水门拱券的痕迹也隐隐可见

保存完好的城墙垛口　　登城梯步

城隍庙·三城城隍，最后的庙堂

地址：锦江区城隍庙街42号　　现状：分为成都酿造厂、城隍庙街小学以及居民杂院

中国古代任何一座城池，都少不了城隍庙，它是各州府城廓必备的神庙之一，内奉冥界地方最高长官"城隍老爷"，**护城安邦，司掌阴间的亡魂。**自宋以后，各地城隍逐渐人格化，多由当地亡故的英雄或名臣充任。如北京祀杨椒山、广州祀刘岩、杭州祀周新、上海祀秦裕伯、西安祀纪信、绍兴祀庞王、南宁祀苏缄……成都这座城市生来奇怪，不但没少了这护城的神灵，还同时祭祀出四位城隍来。

最后的城隍庙

成都的城隍庙说来复杂，大大小小有四座，成都府城隍、成都县城隍、华阳县城隍，据说还有一座专管阴间鬼魂的都司城隍庙，为四川总督丁宝桢为报答神麻而建。不过据专家们说如今四座城隍庙祠均已不存，仅遗一对石狮匿于望江公园的竹林中。东较场西侧的城隍庙街，是当年华阳县城隍庙所在地。稍一打听，我们很容易就找到了旧时的城隍庙遗构。老庙坐北朝南，临街的庙门和前殿早已更为了学校，筑起了教学大楼，教学楼后紧贴着一段老墙和两根凿有榫眼的红砂石方柱，学校门卫说这是阎罗殿，实际上应为当年供奉城隍老爷的正殿前的拜亭石柱。正殿与后殿归了另一个单位成都酿造厂。虽说殿中的城隍、判官、黑白无常等诸班鬼神都已请出了庙堂，砌上了大池，并酿了半个多世纪的酱油豆豉豆瓣豆腐乳，但殿堂间的梁架、窗柱等多少还留有些旧时的原貌。后殿的廊柱上残留着楹联，风化得不易识别，可城隍庙专属的"刀山"二字仍可看得真切。老庙西侧的配殿两庑改成了民房，挤进了十来家住户，鬼神居所便变成居民大杂院。

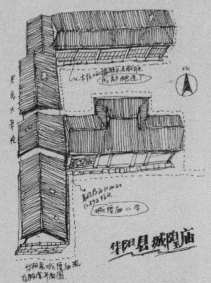

居民大杂院

此桥的后面原有房建成成都酿造厂

城隍庙小学

华阳县城隍庙

华阳县城隍庙现存的原房屋范围图。

省城府县三城隍

唐贞观十七年（643年），成都分为成都、华阳二县。清雍正五年（1727年）置成都府，辖三州十三县，成都、华阳二县为首县，共治省城。界线自南较场，经包家巷、君平街、三桥南街、西丁字街、青石桥、暑袜街、冻青树街，到北门喇嘛寺为止，以街心分界，东南属华阳县，西北属成都县。于是有了那句成都人妇孺皆知的歇后语，"成都到华阳，县过县"。从此，成都的署衙、文庙、学府、城隍庙等建制均一式三份。府城隍庙，位于迎晖门内的下东大街。东大门、东大街，是成都市廛最盛的通衢

城隍庙后殿廊柱上残留着楹联，
风化得不易识别，
可城隍庙专属的 "刀山" 二字，
仍可看得真切。

大街，再加上个掌管全城生死祸福的府城隍庙，自是全城最热闹的去处。庙前坝子上第一多的是卖打药的江湖郎中，什么"悬壶济世"、"祖传秘方"、"包治百病"等招牌幌子插满了一地。其次是测字看相算命的先生，个个自称"半仙"、"神算子"，是那种张嘴就"吉人天相，命带桃花"、凭三寸不烂之舌招摇撞骗的江湖术士。靠巧嘴吃饭的人中，最受欢迎的莫过于说书人，他们巧舌如簧，把《水浒》、《三国》、《岳飞传》等民间故事演绎得出神入化，且极善吊人胃口，往往讲到精彩处，只听醒木一响，"且听下回分解"，弄得满场听书人个个意犹未尽。到了傍晚，小吃摊摆满了城隍庙前的大坝子，什么牙牙饭、甜水面、醪糟汤圆、馄饨锅盔、凉粉凉面，还有各种小炒熟食，最诱人的是大锅上垒起一人多高的粉蒸肉笼子，端上一笼，肉香四溢。成都县城隍庙，位于北门城隍巷，占地有六十多亩，香火很旺，后来也逐渐成了三教九流摆摊玩耍的市集。华阳县城隍庙位于东较场西侧的城隍庙街，是城东北角的热闹去处。

出驾游街巡全城

每座城隍庙里供着两尊城隍老爷，一个泥胎，一个木身，泥胎城隍供在大殿正中，奉享香火，木身城隍则在每年清明、鬼节，以及城隍老爷诞日这天，被抬出出驾游街。每到这日，满城百姓倾城而出，涌向三位城隍老爷巡行途径的东大街、顺城街、春熙路。大街沿线是男女杂沓，人头攒动。时辰一到，城隍老爷的出驾仪仗便浩浩荡荡开了出来，开道的是一队扛旗鸣锣的兵丁，跟县太老爷出来一个阵式，肃静、回避。紧接着是旌旗花伞队，幡幢罗列，彩旗飘摇，花伞尤其特别，有些甚至还是用苹果橘子等瓜果扎制而成。接下来的游行队伍就更热闹了，一个个踩着高跷、戴着面具、手执刀叉，装扮成牛头马面等众小鬼，簇拥着"黑白无常"。"黑白无常"宽衣高帽，嘴里吊着一根猩红的长舌，拿着铁镣木牌，看见胆小的妇人和小孩，把写有"正在捉你"的木牌一指，急步赶来捉拿，吓得大家惊声尖叫，四处逃散。还有"判官"，左手生死簿，右手勾魂笔，一副怒目圆睁的扮相。到了最后，终于轮到城隍老爷和夫人出场了，十几个大汉抬着，据说这些为城隍老爷抬轿的汉子都是省城里有些头脸的人物，普通百姓还没这个福分。大轿所到之处，磕头的、看稀奇的、凑热闹的，挤作一团，弄得水泄不通。轿子过后，人们又一路跟着轿子，形成长达数里的出驾队伍。当府城隍的仪仗一路浩浩荡荡行至盐市口时，成都、华阳两县的小城隍早已提前到达，恭迎大城隍老爷，名曰"两县迎府驾"。继而，三位城隍一番礼仪后，同巡全城。

解放后，府城隍庙一半改建成了立体电影院，一半辟为了小百货批发市场；成都县城隍庙改建为国营厂矿企业多余物资处理门市部，后演变为了著名的城隍庙电子市场；华阳县城隍庙前殿改建成了城隍庙小学，正殿后殿作了酿造厂。当我们找到昔日的华阳县城隍庙时，酿造厂刚迁往新址，曾经充作酿造车间多年的庙堂内还弥漫着一股浓浓的发酵味道。既然国营老厂迁走，成都唯一仅存的城隍老庙故址也无了用处，当静候推土机们的到来。

自小受教育，耳濡目染，也觉得这庙堂之间，神像之下，多为鬼神邪说，尤其是这敬奉鬼怪阎罗的城隍庙。如今看了旧时城隍庙前的楹联，反倒觉得真切，不但没有丝毫蛊惑人心之言，且句句是对内心的考量。

"正正堂堂地，明明白白天。"

"四境内良妇善男，登斯门，何怕刀山油鼎；八方中惊魂恶魄，至此地，难逃锅煮甑蒸。"

"淫人妻女，占人田房，欺凌鳏寡孤独，这样凶徒，任你烧香也无益；孝于父母，友于兄弟，和睦乡党邻里，若个善士，见我不拜又何妨。"

城隍庙

更作酿造车间的城隍庙大殿

西侧的配殿挤进了十来家住户，成了杂院

城隍庙后殿

城隍庙大殿拜亭

梁架间的雕花依稀可见

97

宽窄巷子·满洲城，旗下营

地址：青羊区宽窄巷子　　现状：改造一新，旧貌无存一水贯城，两江环抱，三城相迭。

这是昔日先民所造就的成都城。如今这贯城的金水河入了地底，成了人防隧道；绕城的两江倒还依旧，只是浑浊了些；大城城垣几经剥离，就遗下数段零星残墙；皇城的一切是理当最先破除的，于是有了后世的万岁馆、伟人像；少城是**旗人驻防的营盘**，如今也只留下一宽一窄两条旧时的胡同。

四里五分筑满城

说起八旗精兵，就跟当年的蒙古勇士一样，是一群刚从娘胎里出来就注定将戎马一生的骁勇战士。他们以武功定天下，八方驻防。四川地处边远，有土司番人聚居，与西藏青海相邻，乃疆防要地。康熙五十七年(1718年)，四川巡抚年羹尧在成都原少城旧基上营建满城驻兵。数年后，平息藏乱的三千荆州旗兵返回成都，其中53名将官、1600名甲兵，及眷属从共计五千余人留驻满城。五十年后，朝廷平定大小金川之乱，在成都始设将军帅府。按大清律制，驻防将军本为各地旗营最高军事长官，主军事，对地方行政也有监督的作用，但不可直接插手地方事务。唯这成都将军是个例外，乃朝廷正一品大员，文武兼辖，与地方总督无异。

满城城垣周长四里五分，其北垣位于今西大街、八宝街一线，时称"北栅子"。东垣南垣经东城根街、半边桥街、君平街、小南街，再穿过西、南两较场之间，与南大城城垣相接，时称"南栅子"。西垣即原大城西城墙，今同仁路一线。辟城门五座，小北门"延康门"，位于今长顺街与宁夏街之间；小东门"受福门"，位于羊市街与东门街之间；大东门"迎祥门"，位于祠堂街与西御街之间；小南门"安阜门"，位于小南街与君平街之间；西门即大城西门"清远门"，位于今西大街与同仁路交会处。城中置将军帅府（今金河宾馆）、副都统衙门(今省委)、左司衙门、右司衙门、理事同知衙门、

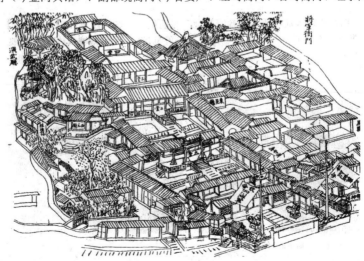

军械库、火药库、恩赏库、永济仓等，以及关帝庙、昭忠祠等庙堂。城周分设北、西、南三大较场。城门水栅处广置哨卡，日夜巡查。除了各军营署衙仓库，满城内还先后设立小官学24所、官学2所，教习八旗子弟国语骑射。后又设少城书院，以及八所义学。

满城的街巷走势完全不同于大城的棋盘状分布，倒与北京城的东四、西四、南锣鼓巷等如出一辙，状如蜈蚣。长顺街南北贯穿，如蜈蚣身；将军帅府居长顺街南，如蜈蚣头；各胡同左右排比，如蜈蚣足。并按大清八旗各居方位（正黄、镶黄旗居北，正红、镶红旗居西，正白、镶白旗居东，正蓝、镶蓝旗居南）的律制，形成以长顺街为中轴的"左翼东四旗"和"右翼西四旗"。其中东翼有将军街、东胜街、斌升街、桂花巷、仁厚街、多子巷、商业街……，驻镶黄、正白、镶白、正蓝四旗；西翼有柿子巷、井巷子、窄巷子、宽巷子、支矶石街、泡桐街……，驻正黄、正红、镶红、镶蓝四旗。每旗设官街一条，兵丁胡同三条，八旗共计官街八条、兵丁胡同四十二条（后新增了许多里巷）。

根据大清制，满城旗人不得染指商务买卖，故在偌大的满城内既无商号铺房，也无手工作坊，清一色的庭院。每条胡同约有庭院四十余户，每户一至二亩，筑屋造园，遍植花果竹木。时人记载："城内景物清幽，花木甚多，空气清新，鸠声树影，令人神畅。"

帝国末日，旗下贫民

旗人定夺天下，自是高人一等。他们享受着朝廷的优待，后世子孙也凭着祖宗的福荫，按月领取一份米食饷银。他们不得从事农耕手工，不得染指商务买卖，更不得擅自离开满城。他们唯一能做的就是演武骑射，入旗营当甲兵，护卫大清的疆土。然而自康熙之后的百余年间，大清国少有战事，那些靠当兵领粮饷的旗人实在难有机会入到旗营。祖宗的福荫更是抵不住兴旺的人丁，几代下来，就分薄了那份月银。谋生无路，从军又无门，赋闲在家的旗人们唯有跟花鸟、鱼虫、器乐、书画、金石、古瓷等玩物为伍，成日游手好闲，最终坐吃山空，家道中落。尤其到了清末，昔日的白银帝国已是名存实亡，财力枯竭，许多旗人的生活越发窘困，只得靠救济过活，甚至典当物件、变卖家产房屋来维持生计。清宣统三年（1911年），将军玉昆为解决旗人生计问题，将祠堂街南的武庙荷池，以及胡同、荒地、仓房等改为苑囿，构筑亭榭，豢养飞禽走兽，创办了四川历史上的第一个公园少城公园。公园对汉人开放，用门票收入来接济那些生活窘迫的旗民。

辛亥后，将军玉昆被礼送出川，四川军政府接手满城，并拨出专款救济旗人，甚至还在西城根街开了间"同仁教养工厂"（取一视同仁之意，后为同仁路），以解决旗人的生计问题。然而随后而来的混战，使旗人完全失去了生活的依靠，多数散失，苟且留下来的也多隐瞒了身份，改籍换姓。旗人人数从1904年的两万余人，骤减至三千多人。1912年，满城城垣陆续被拆除。1935年，人们拆除了少城公园至小南街的最后一段满城城垣。

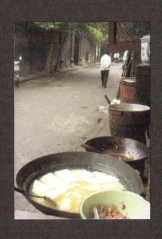

最后的满城胡同

几经建设，昔日五门八官街四十二兵丁胡同的满城，最终只剩下了一宽一窄的两条巷子。宽巷子旧称"兴仁胡同"，窄巷子旧称"太平胡同"，驻正红、镶红两旗官兵。两条巷子不但是满城，也是整个成都保存最为完好的两条老街巷。上世纪八十年代，有关部门将其与大慈寺、文殊院、锦官驿划为成都市的四大历史文化保护区。

一走进宽窄巷子，立刻会被它的黑灰色调所吸引，瓦是灰瓦，砖是青砖，铜皮包裹的大门上也被刷上了黑黑的漆色，唯有檐下和门楣着有少许的朱红和粉白。除此之外，你很难在小巷中找到第四种颜色。这是百年前这座城市的基调，即是日后的教堂、医院、学校、公馆，也延续着这种黑灰色。虽说是八旗官兵集中驻扎的营盘，朝廷统一划分的庭院，但每家的大门造得却不尽相同。或如署衙般的八字大门，或山墙高耸的砖雕门楼，也或是满饰金瓜佛手等瑞物的垂花门斗，以及简洁得唯有弧形门楣的青砖门洞。步入门内，如同进了一方世外的天地。百年的古木，叶茂蔽天，洒下的光斑连着泥土也透出一股淡淡的芬芳气息来。藤蔓爬满了矮墙，青苔布满了石缸，小竹椅上总是蜷着一只打盹的花猫。

现今的巷子、老街、村镇、古城，不是在沉默中爆发，就是在沉默中死亡。宽窄巷子选择的是爆发，成了"名片"，成了"第一会客厅"，两条巷子逐渐声名远播。特别是"打造"一词的介入，更让宽窄巷成了人们关注的焦点。人们纷纷涌向这里，记录着老巷最后的人和物，以及每天所发生的一切。镜头多了，曾经向往外面世界的小巷居民似乎也多了些"星"相。在每天往来的访客中，最不露声色的是那些对城市规划和旧城改造了然于胸的收荒匠们。他们每天早早地来到老巷，随便找个门洞一坐，架着大竹筐的自行车往墙边一靠，就坐等生意上门。先是旧书报杂志，接着是废锅烂铁酒瓶子，再是用了几十年的老家具老电器，最后就轮到了雕花窗格扇门……百年宽窄巷就这样被一筐一筐地搬出了这座以"历史文化名城"冠名的城市。

事实证明，打造无疑是成功的，而且很成功，是成都继锦里之后又一个引起各地政府、学者、开发商们趋之若鹜的经典案例。然而此"宽窄巷"非彼"宽窄巷"。虽同处一地，共用一名。当然，对于一个标准错位的时代，今人的一切行为往往注定都会是成功的。

…荒匠们每天早早地来到老巷,
…便找个门洞, 坐等生意上门。
…是旧书报杂志
…着是废锅烂铁酒瓶子,
…是用了几十年的老家具老电器
…后就轮到了雕花窗格扇门……
…百年宽窄巷就这样一筐筐被搬出了这座城市。

碧水贯城流

　　"门泊东吴万里船"。在很长一段时间里，我们始终未把这首著名的诗句与我们所生活的城市联系在一起。除了上世纪八十年代锦江上的小划船、偶尔路过的垃圾船，我们再未在这座城市的河面上见到过其他的船影，更何况是驶向吴地的万里航船。水关、码头、樯帆桅楫、篙橹舳舻……这些水上的风物，在我们的记忆中，就未曾属于过这座城市。如今我们沿着那条曾贯穿全城但却被深深埋入地下的千年水系一路顺流东行，园囿、市集、街肆、闾巷、衙门、祠堂、公馆、学校、工厂，它串起的将会是怎样的一段风物。

水洞子 金水河起自城西樸底河，由水洞子入满城。

祠堂街

西御街　　东

半边桥

单孔石桥　桥上铺小桥，石桥一分为二半在满城，半在汉城。

水

北

东 大 街

督府

河

南

庆府门

府河

东出成都第一驿，乃商贾云集之地。

即炼门，重垣双门，内接商业大街，东大街、外通东门接成渝两地，引东大路。

锦官驿

四川机器局之火药风分厂地石条白

白药厂

祠堂街·溪涧环庙阁，书香满街头

地址：青羊区祠堂街　现状：为居民大杂院

那条消失的古水道名叫"金水河"，开凿于千余年前的唐朝。"白敏中尹成都，始疏环街大渠，其小者各随径术枝分根连，同赴大渠"。河渠导自郫江水，起自城西磨底河，由水洞子入满城，经西较场演武厅、将军帅府衙门、祠堂街，再穿过少城公园由半边桥出满城。继而沿西御街、三桥正街、染房街、古卧龙桥、青石桥、龙王庙、拱背桥、机器局，最后穿城东水闸，流入府河。四十多年前，悠悠金河水埋入了地下，改作人民防空隧道，面上或铺成了大道，或盖上了新居高楼，尤其是上游河段，留下的旧时水边风物唯有一栋民国高官的公馆。到了祠堂街，浓浓的绿荫，青砖粉墙的瓦屋，河街韵致渐得以复见。

祠堂街位于满城东南角，西达小南街，东通满城大东门迎祥门，与大城西御街相接，全长近六百米。老街原属清正蓝旗三甲的地界，旧称"喇嘛胡同"、"蒙古胡同"。清康熙年间，驻防成都的八旗官兵在这条街上为他们的总督年羹尧建了座生祠，故得名"祠堂街"。年羹尧获罪后改为供奉关帝的"武圣宫"，即武庙。祠堂街东有专为八旗子弟而设的少城书院，街南立有供奉文昌帝君的奎阁。金水河由武庙正殿前横过，在庙的左右积水成莲池和太极池。清帝国的最后几年，废科举兴学堂，过去只读圣贤书的少城书院改为了兼习西学体操的新式学校。

8年，《新华日报》在祠堂街38号设推销组，
世文任主任。
是这栋三层的围合式建筑
了当时中共地下组织活动的重要据点，
恩来、刘少奇等许多中共要人据说都曾先后来此办公。

到了民国时期，早年主营经史子集、试帖闱墨等旧式读本的祠堂街，渐渐开了许多新式的书店，据说最盛时多达八十余家，如开明书店、三联书店、生活书店、大东书局、正中书局、普益书社等，以及群力社、大声社、星芒社、战时学生旬刊等多家报馆。各种党派社团发行出版的刊物书籍都能在这里找到，无论是国民党还是共产党，所有的声音都汇集到了这里。中共南方局、四川省委、成都市委先后在此建立了七个支部及秘密联络点、交通站，开展各种活动。1931年，中共川康特委军委委员车耀先在祠堂街西开办了一间名为"努力餐"的餐厅，作为中共地下党的秘密接头地点。1938年，创刊于汉口的《新华日报》在成都祠堂街38号设推销组，罗世文任主任。于是这栋三层的围合式建筑成了当时中共地下组织活动的重要据点，周恩来、刘少奇等许多中共要人据说都曾先后来此办公（42号的金秋茶社则是报社工作人员经常喝茶的地方）。

抗战爆发后，大批画家内迁。为了更好地交流，张采芹在祠堂街16号创办四川美术社，接纳大批内迁艺术家，其中不乏四川乃至全国美术届的泰斗。并在金水河北修建展览厅，会址落成后的一年之中，先后举办书画展三十余次，文艺座谈会、演讲会、音乐会、研究会十余次。其中不乏徐悲鸿、傅抱石等大师级人物的展览。1946年，故宫博物院百件书画珍品又在四川美术社旁的少城公园内展出。那是在战火纷飞的民国四十年代。而如今，莫说偏居一隅的川人，即便是站在文化最前沿的京师民众或许也难饱此眼福。

除了栉比的书店报馆，四川电影院、成都美术社、成都图书馆、美术照相馆等先后落户祠堂街，使这条昔日祠庙林立的满城胡同成了名副其实的文化街。近半个世纪以来，金水河被填埋，祠堂街被活生生地切掉了三分之二。为透出公园的绿意，余下仅两百来米的老街南面商铺悉数被拆除。过去数十家书店、美术社、图书馆、照相馆、电影院等经过一系列的联营合营，几番折腾后，已所存无几。存下的也是有名无实，独留一个名号。半个多世纪的教训，国人终于懂得了尊重历史，于是将剩下的最后一排老屋精心描上涂料油漆，好生粉饰一新。

少城公园·满城幽境，西川第一园

地址：青羊区人民公园　　现状：为人民公园

入关后的旗人，凭借祖上的福荫，世代吃着皇粮、领着饷银过活。他们不得随便离开本旗，不得像汉人那样学门手艺自谋生路。若习些谋生手段，定会遭来周围旗人的冷嘲热讽。他们唯一能做的事情就是练习骑射，入伍当兵，以保大清江山。然而八旗亲兵名额有限，大量旗人只得赋闲在家，以喝茶玩票、栽花养鸟消磨时光。数代之后，八旗的子弟不但不能和当初精于骑射、骁勇善战的祖辈相提并论，而且早已是坐吃山空，家道中落了。到了清末，朝廷再一废除旗米供给制度，弄得满城里的好些旗人更是入不敷出。旗人虽个个游手好闲，无甚用处，但却擅玩，花鸟鱼虫、曲艺百戏，倒是样样玩得精巧。园中之物也培植得多有灵性。如时人所记："满城内景物清幽，花木甚多，空气清新，鸠声树影，令人神畅"、"满洲城静不繁华，种树栽花各有涯。好景一年看不尽，炎天武庙赏荷花"。于是劝业道道台周善培向成都驻防将军玉昆献上一策，改城南武庙荷池为苑囿，对汉人开放，所得门票可接济生活窘迫的旗民。

清宣统三年（1911年），玉昆采纳了周善培的建议，将祠堂街南的荷池庭院并作一处，再将相邻胡同、水田、荒地、马厩、仓房等平为空地，种植花木，构筑亭榭，豢养虎、豹、熊、猴、孔雀等飞禽走兽，又置茶园及商品陈列所，开办了四川历史上的第一个公园少城公园。短短数月后，公园、少城、成都府，乃至整个中国都成了民国的天下。1913年，为纪念四川保路运动中的死难者，人们在少城公园内立碑以铭志。纪念碑高三十余米，碑座分塑路轨、机车、信号灯、转辙器等浮雕。碑身呈方锥形，四面分由赵熙、颜楷、吴伯朅、张夔阶四大书家以四种书体手书"辛亥秋保路死事纪念碑"。

开凿于唐朝金水河,
自城西的磨底河,
由水洞子入满城,
经西较场、少城公园、皇城坝、青石桥、龙王庙、
再穿大东门南的水闸, 流入府河。
四十多年前, 悠悠金河水埋入了地下,
改作人民防空隧道,
如今仅余下少城公园内的一小段, 长约百余米。

119

此后十年间，少城公园先后两度扩园，开渠凿池，将金河水引入公园，所取土石堆为假山。园内还开办通俗教育馆、陈列馆、博物馆、图书馆、音乐演奏室、游艺场、动物园、体育场等。各种活动层出不穷，其中最值得一书的是六十多年前在公园陈列馆举办的"故宫书画在蓉展览会"。1946年，在四川省教育厅长刘明扬的极力邀请下，即将返迁北京的一百件故宫历代书画珍品在成都少城公园公开亮相。由于藏品太多，展馆狭小简陋，百件故宫书画珍品只得每十日更换一次，轮流展出。其中包括王羲之《七月都下帖》、颜真卿《祭侄文稿》、苏东坡《赤壁赋》、夏圭《长江万里图》、赵孟頫《巢木山石》、黄公望《富春山居图》、高克恭《林峦烟雨图》、唐寅《江南农事图》、仇英《桐荫画静图》、文徵明《溪桥策杖图》、董其昌《进春衣表》、兰瑛《溪阁清言》、王时敏《仿黄公望山水》、王晕《万壑松风》、王鉴《仿王蒙松阴丘壑图》、王原祁《画中有诗图》……

成都的中心本是皇城坝，但入民国后逐渐沦为贫民窟难民营三教九流杂居的地方。置有大型广场和诸多茶社的少城公园于是成为成都民众小聚、集会、募捐、演出等活动的首选之地。各行间的小型结社聚会约在茶园，如士绅多在"绿荫阁"，商贾多在"永聚"，练家子多在"射德会"，学生多在"枕流"，教师则多去"鹤鸣"雅聚。凡遇重大事件和活动，则倾城而出，万人齐聚少城公园广场。如五四运动、二七大罢工、列宁逝世、三一八惨案……其中最令川人难忘的当属1937年9月5日的集会。这日公园内外人山人海，战旗飘扬，四川各界民众欢送出川抗敌将士，省主席刘湘、第45军军长邓锡侯、纵队司令唐式遵等先后登台激昂陈词："为了抗战，决心率部出川，并贡献四川的人力物力"、"川军出川抗战，战而胜，凯旋而归；战如不胜，决心裹尸以还"、"此行决心为国雪耻，为民族争光，不成功，便成仁，失地不复，誓不回川！"此后八年间，四川350万铁血男儿，奔赴前线，出川抗战，人数居全国之冠。

上世纪六七十年代，少城公园内的金河河渠大部被填埋，改为人防通道，以"备战备荒"；八十年代扩建蜀都大道，公园西北河渠铺为路面。至此，园内金水河道，仅余下大门旁的一小段，约百余米。

民国时期所设教育陈列馆舍

民国时期所设教育陈列馆舍

民国时期所设教育陈列馆舍

民国时期所设教育陈列馆舍

辛亥秋保路死事纪念碑

民国时期所设教育陈列馆舍

碑座路轨浮雕

碑座机车浮雕

碑座信号灯浮雕

西御街 · 皇城根外的回回老街

地址：青羊区西御街同春里　　现状：为居民院落

　　金水河溪在少城公园里绕了一大圈后，终从半边桥出了满城。半边桥本是座平常的单孔石拱桥，清末时于桥上筑了水栅，石桥一分为二，半在满城，半在汉城，形成"筑城桥上水流下，同一桥身见面难"的奇特景象，故得了此俗名。桥头东行经皇城坝前的三桥，达盐市口，沿河南北两岸分为西御街、东御街、陕西街、染坊街。东西御街乃明蜀王府御道两侧的大街，长约千米，临街清一色的商号店房，一楼一底，木板青砖作墙，讲究点的再置上一排雕花的勾栏。铺房身后高墙深院，重重的天井，依着水岸再开出一片河房河埠。

清真寺，回民街

　　当年四川巡抚年羹尧修建满城，驻防八旗官兵，同时还迁来大批回民，安置在皇城坝四周，即今东西御街到羊市街一线，约二十余条街巷，在满汉两城间形成一个由回民杂居的缓冲地带。迁来的回民以屠宰皮货餐饮为业，"不宰牛，便宰羊，不打锅魁便吃粮（当兵吃粮饷）"便是旧时回回谋生手段的真实写照。于是在皇城外围形成一片以清真牛羊餐饮为主的回民聚居区，时有竹枝词："石狮双坐三桥首，日看牛羊下夕阳。"西御街上的回回餐厅当首推教门饭馆"粤香村"，所制牛羊肉系列菜品鲜嫩爽适，美味可口，在整个成都也算得上是首屈一指；"王胖鸭"回民烤鸭店以油烫鸭子闻名蓉城，皮脆肉细，肥而不腻；"三六九"主营面食，店中红油水饺皮薄、馅嫩、味美，足以与成都名吃钟水饺相媲美；"口口口品"甜食小吃店，招牌怪异，赚足了吆喝，但所制三合泥、油茶、汤圆等小吃同样让人回味无穷；"少城餐厅"经营中餐，食客络绎，尤其是精制的京酱包子，需排上半天队才能品尝得到；还有以相声、评书等曲艺表演扬名的"德盛茶社"、以扬琴书场闻名蓉城的"安澜茶社"；旧时街上最最著名的还是要数后来改为新声剧场的"中央大戏院"，每场大戏，每部电影，这场内场外总是人声鼎沸，熙来攘往。当然这些都是旧时的风物，日后街肆逐渐萧条。待到再度兴旺时，耳边传来的却总是"走过路过，不要错过，本店所有箱包一律19元，一律19元"。同一条街道，不同的时代。

　　据说朝廷为尊重回民的宗教习俗，除在聚居区内开设牛羊肉市集外，还兴建了大量清真寺，如皇城寺（永靖街）、东寺（东御街）、西寺（西御街）、七寺（东华门南街）、八寺（八寺巷，今西华门街）、九寺（羊市街）、十寺（东鹅市巷）、鼓楼寺（鼓楼南街）、北寺（白丝街）、江南寺（纱帽街）、义学寺（贡院街）、西关寺（北

西御街为明蜀王府
御道西侧的大街，长约一里，
临街清一色的商号店房，
一楼一底，木板青砖作墙，
讲究点的再置上一排雕花的勾栏。
铺房身后高墙深院，重重的天井，
依着水岸再开出一片河房河埠。

巷子）、北关寺（外北驷马桥）、土桥寺（外西土桥）等。数百年后，成都清真教门唯留下皇城与鼓楼二寺，皇城寺始建于明代，入清后数度重建，占地五千多平方米，乃皇城十座清真寺中最大者。寺前立有照壁，寺内沿中轴线分筑大门、二门、邦克楼、礼拜殿等。文革期间，寺内清果亲王书"世守良规"、四川状元骆成骧书"开天古教"等碑匾楹联多被砸毁，留下来的唯有毛主席题词"各民族团结起来"、郭沫若题字"如兄如弟"等。时间到了二十世纪末的最后两年，终于还是拆除了这座四川规模最大、始建于明朝的古老清真寺，修了个占地极广、以扬我川蜀锦绣的巨大形象工程。

花街柳巷同春里

皇城清真寺片区顺利拆除后，接着就是最后的西御街。拆迁过程中，我们走进了一条在巷口壁上不见任何标识的僻巷。进入巷中，满是穿斗结构的院落，青砖的门楼，四方的天井，雕花的格扇门，表面看去，和其他老巷无二，但在同住户左婆婆闲聊的过程中，我们渐渐认识了这条非同寻常的老巷。

"这条小巷名叫同春里，过去都是耍的地方。"

"其实就是妓院，看巷子的名字就晓得，过去有十三个门洞，每个门洞都是做这个生意的，来耍的人多得很，后来那些门洞陆陆续续都拆了，就剩下我们这一个门洞还保存原样。"

"这里住的多是下江人，来耍的人好多都开着小车。原来里面还有一家伯庄医院，那些女的得了病，就跑到那里去看。口子上还有一家美发厅也是专门为她们美容美发的……"

左婆婆所说的下江人实际上就是那些来自扬州的妓女，她们初来四川时，遭到当地老鸨的排斥，很难站住脚，甚至险些被驱逐出川。后在袍哥舵把子陈俊珊的交涉下，她们才得以继续在成都谋生。以至于陈俊珊去世后，成都的扬州女子还专门组织了一支百余人的送葬队伍，披麻戴孝，紧紧跟在灵柩的后面，堪为一景。抗战爆发后，军政机关、工厂学校纷纷内迁四川，青帮的势力也逐渐蔓延至四川境内，就连驻防成都的宪兵团官兵中都有许多是青帮成员。身在成都的扬州妓女从此有了靠山，再加之她们自身条件远优于当地的女子，于是很快在成都站稳了脚，吃香得很。

同春里是西御街上最后的老巷，但却一不小心碰了个"红灯区"。管它回民商街也好，还是烟花柳巷也罢，金水河北的这条老旧街肆正渐渐淡出人们的记忆。皇城坝上的三座石拱桥、古老的清真寺、丝竹乐韵的茶社戏院、无数家有口皆碑的名店老号都一一在我们面前消失，唯留下这条没有街牌的花巷，以及巷里那数个颓垣败瓦的青砖门洞。东御街旧时多为铜器铺，专制茶壶、烟袋、锣锅、水盆等，后逐渐开始加工白铁皮，手工制造西式铜号、鼓，以及各机关团体或学校的证章、徽章、校章等。

马御街，
昔日的回民商街，
如今也仅存最后这一条小巷，
久居于此的左婆婆说，
这叫同春里，过去都是耍的地方。
接连十三个门洞，全是做这路买卖的！

125

青石桥·鱼游鸟语花香街

地址：锦江区青石桥、新开街、南府街、东府街
现状：多已拆除，唯在新开街、东府街上存有一些旧时的铺房和庭院

　　成都人做买卖，时常爱说一句话，"现过现"，意思就是一手交钱，一手交货。这话其实只说了一半，说完整了是句老成都的歇后语，"成都到华阳县过县（现过现）"。旧时的成都府辖三州十三县，省府由成都、华阳二县共治。一城两县，一街之隔。这分界线上的一个重要坐标正是横跨金水河上的青石桥，桥西属成都县，桥东归华阳县。

　　青石桥旧名龟化桥，与最早成都的秦城龟化城同名。唐西川节度使白敏中开凿疏浚金水河时，在河上以青石筑桥，故得此名。后桥的南北均衍生出街肆，桥南称青石桥南街，桥北称青石桥中街和北街，全长约八百米。既是两县交界，又是水陆要津，青石桥一带渐聚足了人气，成为城内的主要农贸市集。四乡的盐米、蔬菜、瓜果、鱼肉、蛋禽、薪炭等都汇集于此。金河二十二桥中，除了皇城三桥外，就数这青石桥最为热闹了。即便后来没了"县过县"的分界，填了水路，青石桥市场仍然兴旺，甚至又加入了花卉、鱼虫、鸟雀、宠物、海鲜、水产等，使之成为全省乃至西南地区最大的农贸市场。

　　青石桥有三绝，肥肠粉、荞面、糖油果子，都是那种花上几元钱就能让人分泌出脑内吗啡的美食小吃。肥肠粉老汤熬制，粉丝晶莹，汤碗红白分明，再加上些绿绿的葱花和乳白的肥肠节子，那色香味全入了这碗中；糖油果子由糯米粉团油炸制成，五个一串，再撒上白芝麻，一口下去，焦脆香甜，满嘴的余香；荞面是以特制的木器现场压榨成细面条下到沸水锅内，略煮片刻捞入碗中，随同入碗的还有熏笋肉末臊子、红油辣子、芹菜末等调料，筋韧爽口，麻辣鲜香无比。这三样是青石桥的老字号，家家历史都说来话长。青石桥三绝尚还在回味中，市场再添一美食海鲜烧烤。十多家大排档一字排开，基围虾、大闸蟹、扇贝、牡蛎、花蛤、鱿鱼、青口……家家鲜活生猛，且都入乡随了俗，一手的地道川味。难怪时人感叹，"穿在春熙路，吃在青石桥"。

青石桥花鸟鱼市
最终还是搬出了老街，
或入了楼宇，或出了城郊。
说是改善经营环境，
不如说是一种生活方式的改变。
人与人、与自然万物更多了些距离，
少了些闲适间的无意。

127

对于青石桥来说，美食的名声再响，终是配角，真正的主角还是那些花草鱼虫。成都自古以花闻名，杜甫的"晓看红湿处，花重锦官城"，陆游的"蜀地名花擅古今，一支气可压千林"、"当年走马锦城西，曾为梅花醉似泥。二十里路香不断，青羊宫到浣花溪。"无论文人吟咏的诗词、时人赋予的城名，还是成都的殿阁楼台、乐曲绘画，无论是物质的，还是非物质的，晚唐两宋时的成都总是给人"花团锦簇"的印象。时间到了二十世纪七十年代，一些城郊的花农推着花车来到青石桥，沿途叫卖，继而搭棚摆摊，有了固定摊位。随着花农花贩越聚越多，逐渐形成了以新开街（青石桥南街以南）为中心并辐射到附近好几条街巷的大型花鸟市场。成都的花市应四季时令，街中时时皆有鲜花，春有杜鹃、春兰、迎春、栀子、紫藤；夏有荷花、睡莲、米兰、石榴、石竹、紫薇、百合；秋有菊花、山茶、金桂、芙蓉、天堂鸟；冬有腊梅、水仙、墨兰、蟹爪兰。那些精心培植的名贵花卉和盆景，多摆入了街边庭院、青砖券窗，别有一番韵味。挂着的笼鸟，多是鹩哥、八哥、鹦鹉等喜人学舌的鸟雀，也有金丝鸟、画眉、黄鹂等鸣声悦目、多才多艺的尤物。水族店前往往围的人最多，花个几元钱就能买上十好几尾漂亮的小金鱼，玻璃缸里五彩斑斓的热带鱼虽饲养技术含量较高，但看看心里也很舒坦。花木、盆栽、金鱼、鸟雀、宠物，各种灵物水陆杂陈、琳琅满目。花香、鸟鸣、虫啾、犬吠……交织在一起，好生热闹。

成都的奢侈正在于此，繁华闹市中开出一片花鸟鱼市来，无论你下班放学，还是溜达闲逛，总能借道逛一逛青石桥，碰上喜欢的，顺便捎上一两株花草、四五尾金鱼，再配上些水草鱼食，走过路过即能享受片刻的闲适。然而这种闲适也随着城市的扩大、旧城的改造逐渐消失。青石桥菜市花市鸟市鱼市最终还是陆续搬出了老街，或入了楼宇，或出了城郊。说是改善经营环境，不如说是一种生活方式的改变。人与人、与自然万物更多了些距离，少了些闲适间的无意。

龙王庙街·官邸群，百年祠

从青石桥沿金水东行，经新半边街，就到了旧时四川的最高军政中心巡抚总督衙门，即民国四川的督军署、省政府，今省府大院。衙门外的督院街南临金水河，东通龙王庙。近水楼台，军政高官们相继在毗邻省府的龙王庙一带营建官邸府宅，择水而居。短短五百米街道，簇拥着十来座公馆大宅，其主人就有四川督军尹昌恒、省府主席邓锡侯。

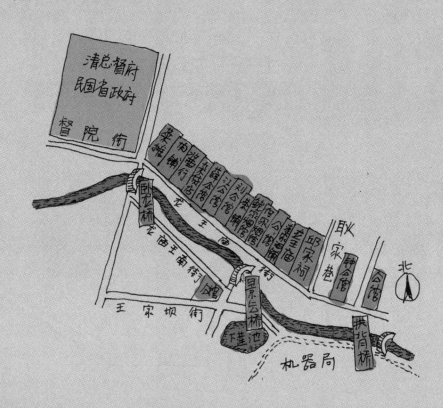

邱家祠的大门
是如今成都街头已难得一见的大宅门，
门斗重脊高檐，
红漆的大门，
半人高的雕花门墩，
牛腿上雕满了祥瑞的饰物，
什么鸡、狮、宝瓶、祥云、花卉
数都数不过来。

131

龙王庙街分龙王庙正街和龙王庙南街，两街之间即金水河。河上横跨三桥，一在街西，名为"卧龙桥"，接南打金街（今红星路），桥畔就是著名的"八号花生"老号；一在街中，龙王庙前，名为"景云桥"，过桥即铜井巷、王家坝、下莲池；一在街东，名为"拱背桥"，紧靠兵工分厂。对于龙王庙街的官邸店铺，街中老人曾——作了描述。龙王庙正街自西向东分别是菜摊、肉铺、酱行、杂货店、薛公馆、江公馆、刘公馆、茶铺、鲍家烟馆、何家烟馆、龙王庙小学、公馆、漆家酒铺、龙王庙（警察分局设于庙内）、邱家祠、钟公馆、油条铺、公馆、茶铺，等等，临河则多为小家小户；龙王庙南街建有两座公馆，其中一个占地极广，足有半条街的规模；再往南就是王家坝，尹昌恒、邓锡侯的公馆就位于此。后来大修人防工程，填了金水河。接着人们在人防工程上加盖宿舍楼。再后来，筑在防空洞上的宿舍楼被鉴定为危楼。

邱家祠　　地址：锦江区龙王庙正街41号　　现状：为居民大杂院

虽说龙王庙街一带林立着十来座公馆，但至今日却几乎无存，倒留有一座整个成都都硕果仅存的家族祠堂邱家祠。龙王庙的邱家算是见证了中国移民史的一个姓氏大族。中原迁岭南，岭南迁四川，入川再分支繁衍，分居蜀地各州县。清同治七年（1868年），华阳、德阳、新都、金堂四地的邱氏族人合资在龙王庙旁兴建邱氏大宗祠。每年春秋两祭，四地的邱氏族人都会赶来，摆上三牲四果十二碗，祭拜先祖。邱家祠设有宗亲会，购置铺房田地产，永久生息，以维持每年的祭祀开支。还派有专人管理财产及日常香火洒扫。解放后，祭礼祠庙一律停废，邱祠的房契也上交给了国家。如今住在邱家祠的三十一家住户中，仅有两户还属于当年的邱氏家族。

邱家祠的大门是如今成都街头已难得一见的大宅门，门斗重脊高檐，红漆的大门，半人高的雕花门墩，牛腿上雕满了祥瑞的饰物，什么鸡、狮、宝瓶、童子、宝塔、祥云、花卉、佛手……数都数不过来。入户的门槛近半米高，小孩子最爱的，就是这样爬进爬出，可以玩上一天。后来为了进出方便，锯掉了高门槛。李大爷每天都坐在邱家祠的门斗里，守着两个小摊，一个是他老伴舂的海椒面、花椒面，玻璃盒格子盛着，一块二一两；一个是他自己收来的旧书杂志，摆了好几排，一百多本。

金水河旧影

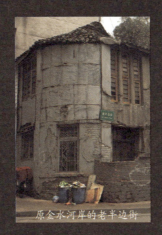

原金水河岸的老半边街

依旧老铺栉比的龙王庙正街

龙王庙正街上的三进老宅

老宅二门,红石楹联依稀可辨

梁架间饰有蝙蝠,以望福到

邱家祠大门

每天都坐在大门下守着
旧书摊的李大爷

邱家祠堂

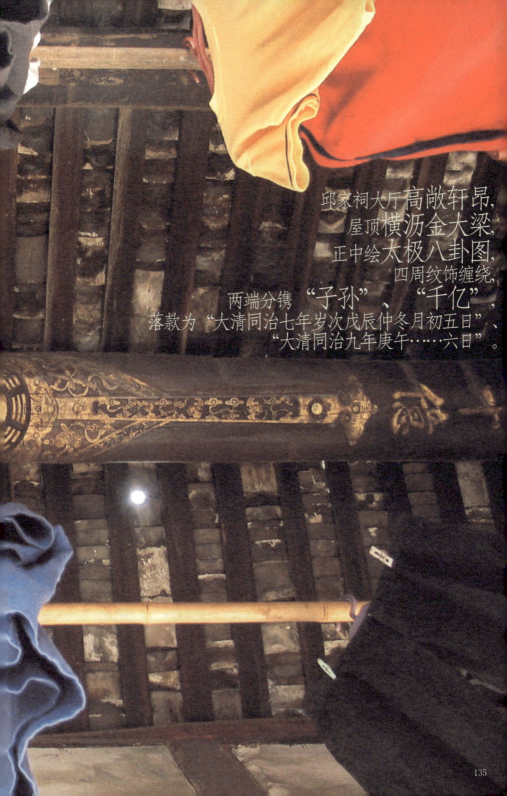

邱家祠大厅高敞轩昂,
屋顶横沥金大梁,
正中绘太极八卦图,
四周纹饰缠绕,
两端分镌 "子孙"、"千亿",
落款为 "大清同治七年岁次戊辰仲冬月初五日"、
"大清同治九年庚午……六日"。

邱家祠现存三进，头进面积不大，两庑未置房间，据说是当年清明大祭时鼓乐班奏乐鸣金的吹鼓楼；二进显得宽敞很多，五开间，两厢回廊环绕；三进院子中间砌有一方大池，族人拜祖得绕着大池进入正厅，厅内高敞轩昂，供奉着邱氏先祖的牌位，屋顶横沥金大梁，正中绘太极八卦图，四周纹饰缠绕，两端分镌"子孙"、"千亿"，落款为"大清同治七年岁次戊辰仲冬月初五日"、"大清同治九年庚午……六日"。李大爷说，他们刚搬进来时，祠堂的窗户格扇上都雕满了图案，还有连续的戏文故事，像什么《郭子仪祝寿》、《三国演义》、《二十四孝》等。上世纪六十年代，有人（据说是殡仪馆）把那些刻有历史故事的格扇门拆走，又用石灰把墙上的壁画抹掉。后来金河涨水，漫进了院子，人们便把院子里的青石板、门窗、槛墙、裙板等一一拆除，换成了水泥红砖。

耿家巷　　地址：锦江区耿家巷　　现状：为居民大杂院

耿家巷本是龙王庙正街上一条南北向的支巷，后因扩路，反成了条宽阔的大马路。耿家巷西侧留一片老屋，其中一片就是当年邱家祠的大厨房。每年清明大祭，两三百邱家族人的饭食全靠了这大厨房。耿家巷29号是个小巧雅致的四合院，一进两厢一庭院，门额嵌有一匾，上书"润居"。

王家坝小姐闺楼　　地址：锦江区王家坝街4号　　现状：为居民大杂院

过了龙王庙前的景云桥、铜井巷，就是王家坝了。据说这里原来是清光绪年间四川总督锡良部下王某的官邸，王某建好府宅后，又将附近大片菜园买下，平整为一个拴马停轿的大坝子，故得了此名。如今的王家坝街上多是单元宿舍楼，已找不到当年宏丽精致的督军府、主席官邸，唯有4号院的一栋小公馆，多少向我们再现了些许王家坝的过往。朱大爷本是老街上的住户，解放后搬进了这栋公馆，住进了东厢房，至今已快六十年。他说公馆原来的主人曾在省府就职，担任征收局局长。局长有个女儿，年轻漂亮，打扮时髦，他住在街对面时，经常看到小姐坐着黄包车进出。解放后，局长和他的女儿就不知了去向。公馆二楼带挑窗的那个房间就是当年局长千金的闺房。朱大爷住的东厢房则是小姐举办舞会的小客厅。

辜大爷老伴的海椒面摊子

邱家祠堂

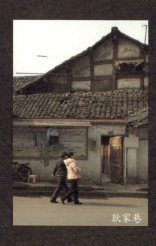
耿家巷

耿家巷

耿家巷酒店

王家坝4号公馆

王家坝4号公馆

王家坝4号公馆

街中老住户朱大爷

水井街·水津喧肆，六百年烧坊

地址：锦江区水井街　　现状：存有数个老门楼，和一座明清时的酿酒烧坊

　　金水河出了东门水闸，便入了外河，与南河、府河形成三水交汇之势。往来的河工商旅在这要津处立水神祠，以护佑过往船只水运平安。衙门也在此设水道警察局，管理河道，缉私盘查。水神祠对岸的台地，原是柴老板堆放薪柴的料场，都是些从乐山、峨边、洪雅一带运来的青冈木、松木。柴铺子一间连着一间，后逐渐成了柴市。满街的木柴，稍有不慎就会引来熊熊大火，殃及整条街巷。为了消除火患，木柴商民们请来水神真武大帝，立祠塑像，每年择吉日进香叩拜，祈求水神保佑免遭火患。同时家家户户还广掘水井，以备不时之需。由于街上水井数量远多于别处，于是大家都称其为"水井街"。

为了对庙里重名类的地区留记忆，
乃习惯地将哪些村村们
尊为火神。一座 **火神庙**
同时也起产在院内打井，
以防火灾。

139

水井街西与水津街相交，东与双槐树街、金泉街相接，顺锦江走势而生，是东门外最主要的水陆通津，沿街还衍生出孙家巷、存古巷、大同巷、黄伞巷等曲折小巷与江边码头相连，自古就是东门外一片市廛繁盛处。清乾隆后，成都经过百余年的休养生息，元气逐渐得以恢复，重修了城廓桥梁，东门外的码头商肆再度兴繁起来，客船商舶云集，樯帆林立，集散两旺。沿街商号店房栉比，酒旗茶幌飘摇。那些泊舟岸边的船工们忙完手上的活计，都爱来到街上，找一间熟识的酒肆，叫上两三样小菜，再打上半斤烧酒。两盅酒下肚，一路舟车劳顿的疲乏瞬间全无。

清乾隆年间，来自陕西凤翔的王氏兄弟来到水井街，利用原来被废弃的晾台酒窖重开酒坊。他们酿造的烧酒汤色透亮，口感醇香，很受周围住户商家的欢迎。这一传十，十传百，好些城里的住户都赶来沽酒品尝，烧坊一时名声大噪，生意十分兴隆。道光初年，王氏烧酒坊迁往它处，老烧坊又有了新的主人。上世纪五十年代，早年的王氏烧酒坊成了全兴酒厂的曲酒车间和门市，整日酒香四溢，勾得街坊们有事无事都来打上二两白干，称两角钱的炒胡豆花生米，找个大树阴一坐，然后东一句西一句地瞎侃神聊开去。二十世纪末的一天，酒厂在对老车间进行全面改造时发现，在这看似普通的酿造车间下面竟然埋藏着一处有着六百年历史的酒坊遗址。明代、清代、民国三座晾堂依次重叠。八口酒窖像八口巨大的酒缸，内壁和底部抹以黄泥，泥壁最厚处竟有二十多厘米。还有一类似水井状的圆形遗存，据专家考证，这是当年生产蒸馏酒的基座。六百年岁月，四朝更迭，老酒坊却未曾间断。虽数易坊主，但老街的酒香却始终未曾散去。

东门码头旧影

立了庙，掘了井，水井街上似乎真绝了火患，那座帮助众商户消灾避火的真武古庙也渐渐少了香火，年久失修，到了民国就坍塌了。上世纪五十年代，一家川剧团在废弃的真武庙前搭起竹棚，唱起大戏来，很是火了一阵。后来建望江剧场，川剧团更是红火，夜夜锣鼓喧天，到了周日，还全天候演出，场场客满。今天的水井街自是没了水井，除了那座被誉为"天下白酒第一坊"的明清烧酒坊外，街上所有的旧宅老铺被悉数夷平，只留下几座孤零零的青砖门洞和满目的荒草。

昔日水井密布，
老宅林立的水井街上，
既无了水井，也没了高墙深院的大宅，
唯在瓦砾荒草丛中，
遗下两座孤零零的雕花门楼，
以及一处有着六百年历史的酒坊遗址。

黄伞巷·华盖高张，钦差府邸

地址：锦江区水井街黄伞巷　现状：存有些许旧时老铺庭院

　　黄伞巷是条呈"L"形的巷子，北连水井街，东接大同巷，顺着府河、南河的势。乐山、洪雅等山地的松木船刚一拢岸，没等船老板开吼，十好几个苦力便一拥而上，将大捆大捆的木柴担上岸，送到河边的柴铺子里。木柴铺子旧时多集中在水津街、水井街一带，一家接着一家，坐等主顾上门。也有一些外乡的穷苦人家，他们从柴老板那里批来几捆干柴，发点水，抹点泥，分成多捆，再担到城里沿街叫卖。这些柴贩子租不起门脸，只得租住在水津、水井二街背后的黄伞巷。解放后，蜂窝煤替代了薪炭，东门外的木柴码头逐渐没了市场。大小柴铺子纷纷关门歇业，或改做其他生意，住在黄伞巷的柴贩子们也相继去了别处。

黄伞巷2号

黄伞巷虽说是那些柴贩子、脚夫、苦力杂居的地方，但也住有不少殷实的商户，以及门第显赫的书香世家，小巷的得名也由来于此。清乾隆七年（1742年），黄伞巷顾家的公子顾汝修进京赴考，高中了进士，被钦点为翰林院编修，后升任直隶顺天府尹（即北京市市长）。十余年后，顾公回乡省亲，但没住多少时日，朝廷的圣旨就到了顾府，委派他出使安南国（今越南），代表大清皇帝为安南国王册封。朝廷考虑到顾汝修若回京受命，一路颠簸劳顿不说，还白白耗掉数月的时间。于是将官服、珠冠、龙旗、御杖、黄盖、仪从等钦差大臣出使所应具的礼制随圣旨一道送来成都，与顾钦差汇合，再取水路出川，出使安南。那日，龙纹旌旗高举，御仗仪牌罗列，四川总督、巡抚、布政使、按察使、成都知府、成都知县、华阳知县等一班人马早早来到顾府，恭候迎接。当地百姓哪里见过这等威仪，里三层外三层地把水井街一带围得是水泄不通，人们看不清顾钦差长得是啥模样，但高张的黄缎华盖让所有街坊看得是真真切切。也就从这天起，"黄伞巷"便被当地百姓叫开了。顾汝修其实是位淡泊名利的乡贤，他归隐后，受聘主持锦江书院（四川大学前身之一），著书讲学。

步入黄伞巷，我们的步履不由地慢了下来，这是片乌瓦老墙和花香、树影、鸟啼、蝉鸣交织在一起的世界，入到其间，唯有细细吸吮。或许是蒙了顾公的福荫，黄伞巷中的大树多冠如巨伞，将巷中的大小院落覆在其中。夏日的阳光透过浓荫，在朱门黛墙上洒下点点的光斑，煞是好看。44号院是一个斜开着门楼的旧式院落，门内一条青石夹弄贯穿着三个庭院，石径上散着好些从槐树上掉下的花瓣，淡淡的清香弥漫在周围。三座门额上各雕花饰，有花开富贵，有多子多福，有吉祥如意。透过铁花大门望去，满眼绿色，大爷躺在竹椅上打着瞌睡，大妈在院子里正剥着豆角，看来晚饭时间又要到了。小巷的尽头过去有座药王庙，奉的是药王孙思邈，后被改作了驿站，再后来改作了锦官驿小学。据说当年陈毅元帅还曾在老庙里上过一段时间的旧学堂。校内的老墙生满了青苔，墙下的石柱已断成数截，残留下半句楹联"×××养生机原不息"。

黄伞巷已是水井街上的支脉背巷，而黄伞巷中还有许多更狭更窄的小巷，仅能容一人进出，但每条黝黑闾巷的尽头都是另一方天地，满饰砖塑的门洞、雕门镂窗的庐舍、小巧雅致的庭院。身在其中，毫无大街上的喧嚣、工地旁的轰鸣，更无人世的繁杂，一切都归于平静、简单、恬淡悠闲，这又何尝不是人们所苦苦寻觅的那方世外桃源。

黄伞巷老铺房

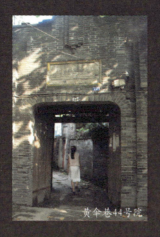
黄伞巷44号院

黄伞巷44号院

黄伞巷44号院

通往花园的券门

黄伞巷2号

巷间茶铺

原药王庙山墙

满眼绿意的老庭院

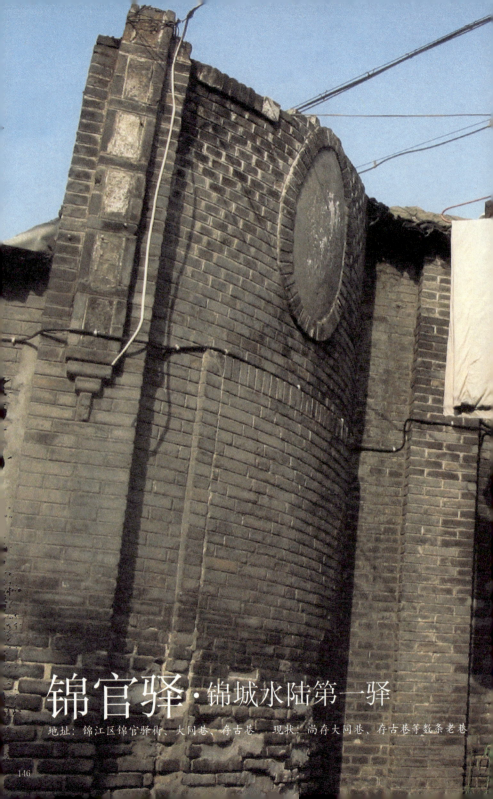

锦官驿·锦城水陆第一驿

地址：锦江区锦官驿街、大同巷、存古巷　　现状：尚存大同巷、存古巷等数条老巷

锦官驿，成都东去川东的**水陆第一驿**。若翻山越岭走东大路，龙泉为第二驿。如撑篙摇橹走水路，二江即第二驿（现中兴场一带）。自汉于城南设锦官、置锦官城以来，成都的别名、地名就多了几分斑斓。织工聚居的地方，称作"锦里"；锦帛交易的市场，称作"锦市"；城垣前的流水，称作"锦江"；交通往来的首个驿站也称作了"锦官驿"。

　　锦官驿作为城外首驿，朝廷的诏书、进京的奏折、发往川东各州府署衙的公文，以及百姓商贾间的信函，都由此进行传递。为迎送过境官员、招待来往客商，锦官驿馆筑得也颇为讲究，室内陈设华丽舒适，长期保持着较高的规格。那些积了些家财的商人，也纷纷在锦官驿周围置下宅院。2003年，一座五星级酒店的到来，同时带来了成都四大历史文化保护区之一的锦官驿的大规模拆迁。

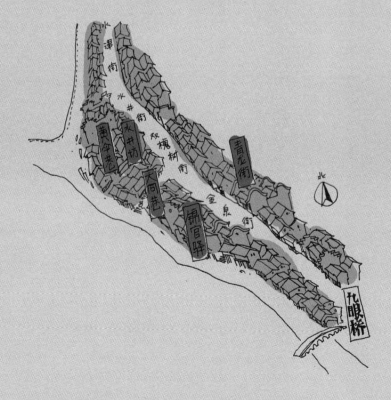

最后的锦官驿街 　　　　锦官驿街52号老宅 　　　　大同巷1号

大同巷3号 　　　　大同巷3号龙纹方砖 　　　　老街坊

锦官驿街

我们来到锦官驿街时，拆迁工作已进行了好一段时间。往日挂满天井屋檐下的衣服被褥、腊肉香肠、青菜萝卜干连同老少街坊邻里一同搬去了新居。眼前的老街闾巷同以前一样的宁静，只是多添了几分萧瑟。收荒匠和他们的大箩筐是老街消亡前屡屡出现的身影，从废旧门窗家具、电器衣物，到锅碗酒瓶，再到书报杂志，皆一一入了他们的大筐。即便没了住户，他们也不厌其烦地在瓦砾堆中继续翻找，以望在大型机械到来之前尽量倒腾出一些有用的东西。52号是街上的一座大宅院，青砖门楼上残留着雕花的门额、泛黄的石匾，以及层层叠叠的檐口，想必是某户富贵人家的二门，或是商帮的会馆公所。宅院前的屋舍已平为了废墟，满地的砖石瓦块。初春时节，略略有些寒意，几位尚未搬走的大爷太婆拾起身旁的木板和树枝，在宅院前生起了一堆篝火，围坐一圈，相对无语。

大同巷

锦官驿片区的拆迁是为了造五星级酒店，红线划下来，西界正位于大同巷，于是好端端的百年老巷一半化为了瓦砾，一半古风尤在。与临河依市的街道不同，大同巷上既无门店铺席，也无小商小户的平屋，清一色的富家旺族。无论是老旧的穿斗式深宅，还是新派的青砖门楼，家家都是门庭敞阔、高墙大院。

大同巷南北走向，南始于河岸码头，北抵双槐树街。走过一段青砖垒砌的围墙即至1号院，垂花门斗，抹泥的壁墙，川西坝子上典型的旧式民居。毗邻的3号院如出一辙，唯有一段残壁生得蹊跷。残壁为后世修补，修补方式也因陋就简，就地取材，一面长不足一米、高约两米的残墙上居然砌上了青砖、红砖、红砂条石，以及数块带有龙纹的大方砖。龙纹大砖内为空心，所塑图饰精美细腻、线条流畅，不知出自何处。大同巷行至中段形成一个拐角，拐角两侧各置一门楼，分别为9号、12号。两扇门楼青砖叠砌，相对错列，石额弧墙呈八字形，新派的民国风范。不知惊扰了何方神圣，两道门楼上端均遭灭顶之灾。12号院的大门尤为气派，弧形的山墙，雕花的壁饰，只可惜推门进去，一片荒芜，好似影棚里临时搭建的布景。13、15号院又是两座穿斗式老宅，只是远比1号、3号气派了许多，两道木构龙门古朴厚重，院中格扇纤巧，天井重重，又是另一方天地。

大同巷12号

大同巷11号，社会主义大院

大同巷13号

13号院老人

大同巷15号

大同巷15号

古巷南头有间名为"悠闲"的老茶铺，两面临街，无门无窗，唯生有几根柱头。铺内陈设也极其简陋，粉墙木柱，老式的吊扇、电表、橱柜，剩下的全是磨得锃亮的木几竹椅。茶客多是街坊四邻，他们来这里围上一桌，边喝茶边摆闲龙门阵，若家里店上遇事，便回去打上一头，过一会再回来接着泡，接着摆，消消停停，悠闲自得。要不了多久，老茶铺老街坊就会成为过去，精心规划的仿古街肆将取代这里的一切，为你沏茶续水的不再是邻家阿婆，而是身着古装的漂亮小姐。装潢讲究的茶室里陈满了名茶香茗，但却再也品不出一元一杯粗茶的醇香。

一间名为"悠闲"的老茶铺

悠闲茶铺

悠闲茶铺　153

存古巷

　　因为拆迁，存古巷的南头已被封堵，好些住户也离开了朝夕相处多年的老街坊老邻居，去了新的居住小区，留下一片空寂的老屋。存古巷北通双槐树街，百年以前，商肆的繁华也曾一度延伸进了这条僻巷，以至于在巷口处留下一长溜上着门板的旧式店铺。老店铺早没了生意，改作了住房。17号院是巷中的一户殷实人家，过去人称"刘家大院"。院内本是头门、二门，前厅、后厅，正房、厢房，厅堂布局得当，只可惜后来的主人胡搭乱建，好端端的大宅门弄成了大杂院。好在还有敞阔的门斗、精美的雕饰，难掩昔日的富足。令刘家老爷没想到的是，若干年后，代表刘家身份地位的门脸，到了后世人手里会沦为一间经营副食日杂、啤酒饮料的杂货铺。而如今小杂货铺也关了门，歇了业，人去屋空。

大同巷15号

大同巷15号

存古巷

存古巷上的老式铺面房

存古巷刘家大院

存古巷刘家大院

存古巷

莲花池街 155

双槐树街·老街上的幸福生活

地址：锦江区双槐树街、金泉街、青龙正街　现状：老街韵味尚存

　　说到成都的水路，东门外的九眼桥不能不提。明万历年间，四川布政使余一龙命工匠在锦官驿南的江面上造了一座九孔石拱桥，取名"宏济桥"，又叫"镇江桥"。同时在河的西岸又筑了座七级白塔，取名"回澜塔"，与石桥相映成趣。后坊间传出"桥是弓，塔是箭，端端直射承天殿"（承天殿，皇城的正殿）的民谣，吓得官府连忙拆毁了白塔，故有"白塔寺中无白塔"的说法。白塔寺后几经拆建，终湮灭殆尽。宏济桥在清乾隆年间曾得以两度重修，并更名为"九眼桥"。

　　九眼桥不仅是出入成都水陆的门户、最大的码头，也是这座城市最大的一座石拱桥。那些满载茶叶锦帛的货船，可从这里经岷江，下三峡，走州过府，直入大海。并留下了"铁拐李升天处"、"造桥镇海眼"、"张献忠埋金"等许多让人浮想联翩的古老传说。然而让人没有想到的是，这座有着四百年历史，在经历了大西王焚城、建国初期拆城等数次城市浩劫后依然横卧在锦江河上的九眼古桥，居然在1992年底被彻底拆除。继而人们再顺流而下两千米，花巨资重造了一座新九眼桥，美其名曰"弘扬巴蜀文化"。

　　九眼桥北头左拐，是新桥街，接下去分别是金泉街、双槐树街、水井街，四街首尾相贯，连成一肆。由于水津街木柴市场的兴盛，从而带动了周边的木器加工业，尤其是双槐树街、金泉街一带，集中了数十家棺木铺子，形成了著名的"棺材一条街"。所售棺木分三六九等，最上品自是阴沉木，那是不腐不朽不生虫的名贵寿木，专属帝王皇族；其次是金丝楠木、香杉木，非王公大臣，难以享用得起；再次是柏木、杉木、松木，普通官宦人家及殷实富户多选择这类寿木；再次是杨木、柳木等杂木，一般平民百姓的棺材本。解放后，国家实行火葬，那些棺木寿材铺陆续关了门，作了它用。金泉街50号的邱家大院，据说就是一家大棺材铺子，只不过现在已改建成了一栋居民楼，唯留下一座歪歪斜斜的雕花门楼。

青龙正街

青龙正街

青龙正街，旧名"青龙巷"，因巷口曾立有一座龙纹砖石牌坊而得名。民国时与城北青龙街重名，便更为了现名。青龙正街是双槐树街上一条南北走向、宽不过三四米的支巷，至今巷中还存有好些昔日的老山墙、老茶馆、老铺房、老门楼深宅，唯独少了巷口那座青龙牌坊。这倒让我们想起大同巷3号门前的龙纹大砖。大同巷距青龙巷口不过数十米之遥，当年拆除青龙牌坊时，说不定就有好些住户将卸下的废砖搬回家中，修补自家的院墙。青龙正街是个热闹的去处，沿街自成市场，狭小的店铺一间接着一间，有卖活鸡活鸭的、修电器的、开茶铺的、酿制烧酒的……更多的还是买腌卤熟食的小摊，如卖甜皮鸭的、卖卤牛肉的、卖凉拌兔丁肺片鸡块的……也有爱清净的院落，推门入内，一股淡淡的花香。

双槐树街

双槐树街，因一大户人家门前的两株大槐树而得名。街的两边，多是小食店，油茶、粉子醪糟蛋、醪糟汤圆、甜水面、酸辣粉……

天鹅蛋糖油果子，说是烟袋巷的老字号，糯米团炸成的油果子，金灿灿的，撒上几颗芝麻，再用竹签子穿成一串，一口下去，酥香味甜，满嘴留香。

邹记肥肠粉，汤浓味鲜，肥肠的量很足，若再加一份冒节子，一个刚出锅的牛肉锅盔，简直是绝配。

王烤鸭，也是老字号，自打广告"独特味道第一锅"，出炉后的烤鸭切成块，配上鸭血、豆芽，再放入漏勺在老汤卤水里冒上几下，盛入钵中，最后加两勺卤汁，撒上葱花、味精等调料，烤鸭皮脆肉嫩，肥而不腻，滋味尤其醇厚。

街上最出名的还是邵二哥的冷啖杯，这在成都苍蝇馆子大全中都是排得上号的，开了有十多年，自家卤的猪耳朵、猪尾巴、猪拱嘴、猪蹄子、鸡脚、鹅掌等卤味醇正，且价廉物美，素菜还可以拼盘。

高粱老窖坊，自家酿酒，满屋都是那种红布扎上的大酒缸，两三块钱就可打上一斤纯度老窖。老街坊们爱隔三岔五来打上一斤，回去再喊老伴酥盘花生米，撒点毛毛盐，就着半个咸鸭蛋就能喝上小半瓶。

还有成都街头如今都很难再见的录像茶，上世纪八十年代的产物，花上一块钱可以在里面泡上一天，边看录像边喝茶。

双槐树街28号，街坊们都称它为"万家门楼"。吴师傅每天都搬出几大筲箕红皮大萝卜，先切片，再成丝，且还不断开，连成一串整整齐齐地挂在巷子里，像是巧手制成的"工艺门帘"。吴师傅在万家门楼摆摊切萝卜丝已有十多年了，自取名叫"风干麻辣萝卜干"，自诩特点是"麻、辣、香、脆"。价格也很公道，五元一斤，在这条街上是家喻户晓。说起他的萝卜干，吴师傅很引以为傲，不但街坊四邻天天捧场，还是"出口产品"，经常"远销"至盐市口、牛市口、洞子口（成都地名）等地。现在流行放着音乐和谐杀猪，那不过都是学学老外，装装样子。但我肯定，吴师傅的萝卜干，每一根都是幸福的。

双槐树街12号院是当年的杨家大院，前院杂居着很多住户，后院还存有二门和正厅，现被人租下来搞了间旅馆。

青龙正街街口

窄窄的巷道已自发形成市场

街中青砖大门楼

麻将馆

沿街兜售自家菜蔬的城郊农人

残留门楣雕花的青砖门楼

花满花香的清幽小院　159

糖油果子，一元一串，
味甜酥香，小孩子的最爱

成都串串香，家家一角一
两个人吃来撑死，也就花个三四

录像茶，
花上一元钱可以在里面泡上一天

王烤鸭，七元一斤，还配送鸭血和

录像茶，一元一客

高粱老窖，自家酿酒，
两三块钱就可打上一斤

来自黄山的包子铺

160

双槐树街28号的万家门楼 生性诙谐豁达的吴师傅

吴师傅手切的萝卜丝，
丝丝相连，根根均匀饱满

双槐树街12号的杨家大院，前后三进院落 更为旅店的杨宅大厅

修理电器的师傅是街上的能人，
老街上的住户们人人与他熟识

金泉街50号的邱家大院，旧时的棺材
铺子，现仅存这栋歪斜的雕花门楼

画班孩子描摹的，
正是这金泉街邱家大院
的门楼。

宋公桥街·墓祠泥庵，古今二学士

　　明初，太祖为整顿吏治经济，大兴狱讼，先后制造了空印、郭桓、胡惟庸、蓝玉等四大案，大批勋臣宿将惨被株连杀戮。身为大学士、太子师、开国第一文臣，已告老还乡的宋濂也因与胡惟庸的亲家关系被牵连其中，押解京师问罪。好在有马皇后和朱标太子的力劝，才免于一死，发配四川茂州。此时的宋濂已七十高龄，经不住这一路的舟车劳顿，刚入四川，就一病不起，卒于夔州（今重庆奉节）。

　　蜀王朱椿就藩成都后，念及老师教诲之恩，将宋濂的遗骸迎来成都，安葬在东门五里外的净居寺旁，改净居寺为报恩寺，赐田八十顷，世代祭祀，以报师恩。后明清两朝地方官吏年年前来拜谒祭奠，先后在墓前筑宋公祠、三贤祠、正学祠。清乾隆年间，华阳知县改宋公祠为潜溪书院（潜溪为宋濂的号），与当时的锦江、墨池、芙蓉并称为"成都四大书院"。道光时，因书院离城较远，出行不便，遂移至城内梨花街。光绪年间，潜溪书院改为华阳小学堂，宋公祠墓改为东乡蒙学堂，后再分别再升级为中学堂、华阳师范传习所等。此后，关于宋公祠墓的记载越显零星，最终湮灭殆尽。唯在城东锦江东岸留下一条名为"宋公桥"的老街。

　　老街初名"报恩寺街"，街中有一富户，平日里乐善好施，常在寺旁桥头搭一凉棚，施些茶水米粥，故又名"茗粥街"。后小桥取名"宋公桥"，桥旁街肆也渐随了桥名。大学毕业后，我曾在老街上小住过数年，街的两边，多是低矮的木构粉墙老铺，瓦檐伸出，与街边的泡桐树连成了一片。街上商铺的买卖大多与我无关，唯有三间食店是我那几年常去的，去得多了，自然亲近。三间食店都是那种老婆主理、老公打下手的夫妻店。街西是家小面馆，虽说是老铺老灶，但被贤惠的老板娘打理得井井有条，尤其是

宋公桥街4号是街上仅存的一处大宅，
门楣题额"×馆春融"。
院内天井垂满了葡萄，
花草也开得鲜艳。
太婆告诉我们，
这叫赵公馆，过去一警察局长的城郊别墅。

163

盛汤料的不锈钢大锅，日日擦拭得光亮如新，沿街摆成一排，再盛入刚熬制出锅的烧牛肉、烧排骨、烧肥肠、烧海味等肉臊，看着就极有食欲。尤其是海味，高汤熬制，所加墨鱼、虾米、剔骨肉、五花肉、玉兰片等料量足醇正，鲜味无比，每次吃面，必有一两是海味。街东的毛记，中午卖粉面，下午卖卤味熟食，虽是无名小店，但她家的卤排骨、排骨面、肥肠粉堪称一绝，汁香味浓，回味无穷，绝不亚于成都著名的廖排骨和白家肥肠粉。两家面馆的臊子熟食都是当天烹制，当天售完，绝对日日新鲜。平日下馆子则只去四姐饭馆，那几年川大当教师的朋友常来我这儿蹭饭，去的都是四姐饭馆，还没等落座，友人就大声武气地喊道："四姐，称半斤卤排骨，加点青椒焖一下，再来一个煮凉粉，一个肥肠豆汤，一个泡菜，两瓶啤酒！"我的地盘，他简直不拿我当外人，更不拿四姐当外人。

宋公桥街4号是街上仅存的两处大院，两个青砖门洞相距不过三米，其中一个门额还残留"×馆春融"的字样。院内天井间垂满了葡萄，花花草草也开得鲜艳。正房厢房保持着原来的格局和面貌，就连厨房都还是那种旧时的木栅窗和土灶台。院内的太婆告诉我们，这两个大院过去是相通的，是警察局一位赵姓局长的公馆。

宋公桥因大学士宋濂而得名，但大学士未曾来过这里，甚至还未踏上西蜀的土地，就病死在了途中。他逝后六百年，一位近代学士因避战祸也来到成都，住在宋公桥边，他就是时任西南联大文学系主任的朱自清。1940年暑假，朱自清携妻来到成都（朱夫人陈竹隐是成都人），借住在宋公桥报恩寺旁的一座小尼庵里，三间简陋的泥墙瓦房。在这期间，这位江南的文人，爱上了川剧，爱上了街边的茶铺，爱上了成都的闲适，爱上了宋公桥边的豆花饭……他时时闲步于城郊乡野，留下一篇小文《外东消夏录》。

"成都春天常有毛毛雨，而成都花多，爱花的人家也多，毛毛雨的春天倒正是养花天气……缓缓的走着，呼吸着新鲜而润泽的空气，叫人闲到心里，骨头里。若是在庭园中踱着，时而看见一些落花，静静的飘在微尘里，贴在软地上，那更闲得没有影儿……成都旧宅于门前常栽得有一株泡桐树或黄桷树，粗而且大，往往叫人只见树，不见屋，更不见门洞儿……成都收市真早。前几年初到，真搞不惯：晚八点回家街上铺子便噼噼啪啪一片上门声，暗暗淡淡的，够惨。'早睡早起身体好'，农业社会的习惯，其实也不错。这儿人起的也真早，'入暮旋收市，凌晨即品茶'，是不折不扣的实录。"

宋公桥街4号

充满绿意的庭院

又一个闲适的下午

还青涩的葡萄

西式的门楼，院内的斤堂屋
舍仍还袭的是传统的营造

幽暗的甬道

些许房间还保存着
旧时的格扇门窗

最后的老屋

久违了的老灶台

国立四川大学·幽境濯锦江, 名师荟萃地

地址: 锦江区四川大学望江校区　　现状: 存民国所筑行政楼、教学楼、教师公寓等

旧时文人授课, 总是很风雅, 或山涧幽谷, 或溪边湖岸。明万历朝的西子湖畔有间崇文书院, 书院先生叶永盛本是朝廷的两浙巡盐御史, 但同时也是位饱学之士, 公务之余常来书院讲解经义。每次课时, 他命小童将几案笔墨搬至湖畔石矶上, 再出一道题目, 让学子们驾着小艇, 各自散去。一个时辰后, 号角响起, 那些隐于花洲芦荡的小艇又纷纷返回岸边, 呈上作文。这一授课的方式一直延续至清, 成为西湖上的一景, 名为"崇文舫课"。

民国的四川也有一位先生, 名叫蒙文通, 他原执教于北大历史系, 后因战乱出任川大教授。一日考试, 蒙老先生把学生们带至校旁的望江公园, 在竹林深处摆上茶几, 喝茶品茗, 再逐一到他面前应试。考试的方式也很特别, 不是蒙老先生出题, 而是由学生发问, 问题一出, 学生平日所学则尽在蒙老掌握之中。那时锦江河畔的这片竹林几乎就成了四川大学的第二课堂。直到数年前, 望江公园内的竹林、楼阁、荷池、江畔等幽静地, 处处都能看见学子们的身影。

成都平原既无深邃幽静的山林, 也无碧水荡漾的湖泊, 唯东门外的望江楼面临锦江, 竹林幽径, 为蓉城第一胜景。民国时期, 《新新新闻》曾报道:"蓉垣名胜之一的望江楼, 市府自动迁让, 划作川大教授们的宿所, 教授先生们得了这样良好的宿舍更安定的去进行其教学和研究工作, 从此, 名人胜地, 相得益彰"。旧时的学府名校总是择美地而居, 杭州西湖孤山给了国立艺专, 武汉东湖珞珈山给了国立武大, 南京玄武湖鸡鸣山给了国立央大, 厦门碧海蓝天给了厦大……大凡各地山水绝胜处多作了名师学子们潜心做学之地, 为何? 其中道理, 世人皆知。

对于川大, 川人无人不知, 但对她的了解多也仅限于近半个世纪。她的历史可说是久远, 说远了可追溯至两千多年前的西汉。蜀郡太守文翁创文翁石室, 开中国地方官办学校之先河。《汉书》载:"至汉武帝时, 乃令天下郡国, 皆立学校官, 自文翁为之始云。"故巴蜀好文雅, 始于文翁。说近了, 则有锦江、尊经二书院, 锦江书院在原文翁石室旧址上创立, 建于清康熙四十三年 (1740年), 乃四川最高学府。尊经书院则由洋务能臣、时任四川学政的张之洞主持创办于同治十三年 (1874)。两书院虽均为官办学府, 择各州府才学优异者入院学习, 但其办学目的却各不相同。锦江乃旧式书院, 主要是为了培养科举人才。而尊经则摒弃八股, 注重培养学生的真才实学。

光绪二十七年 (1902年), 成都锦江、尊经二书院与四川中西学堂一道合并为"四川省城高等学堂"。1916年, 又与高等师范学校合并, 成立"国立成都高等师范学校", 迁入皇城办学, 为全国六大国立高师之一。1931年, 国立成都高等师范学校、国立成都大学、公立四川大学, 三校合一, 组建为"国立四川大学", 成为当时全国13所国立大学之一。抗战爆发后, 大批名教授入川, 被誉为"国立大学中最完整的一校"的四川大学自是名师云集, 文人荟萃。陈寅恪、钱穆、朱自清、林山腴、蒙文通、童第周、周太玄、冯友兰、叶圣陶等著名学者皆曾先后受聘于川大, 讲学授课。1943年初, 四川大学迁往新址——风景优美的锦江河畔。

化 学 学 院

化学馆

寸草春晖

涓滴海涵

时的学府名校总是择美地而居，
5湖孤山给了国立艺专，
东湖珞珈山给了国立武大，
玄武湖鸡鸣山给了国立央大，
锦江竹林给了国立川大……
大凡各地山水绝胜处多作了名师学子们潜心做学之地。

崇丽阁·望江楼，望江流，望江楼上望江流

地址: 锦江区望江公园　　现状: 存有崇丽阁、吟诗楼、薛涛井等遗构

古时蜀人重情谊，伤离别，有朋远行，必出城相送。三国费祎出使东吴，诸葛亮饯行于南门万里桥。南宋范成大东归临安，陆游赠别东门合江亭。到了明清，宴宾饯客的场所又多移至了出城三里外的薛涛井。那时主客双双出得城来，在水东门码头登船，再泛舟至濯锦江畔的薛涛井，摆下酒宴，举杯话别。

薛涛，唐代女诗人，祖籍长安，其姿容美艳，通音律，善辩慧，工诗赋。十六岁时，因父丧家贫，迫于生计而入了乐籍，以歌伎兼清客的身份出入幕府，声名倾动一时。剑南西川节度使韦皋曾奏请朝廷授以秘书省校书郎的官衔，格于旧例，未能实现，但人们仍喜称之为"女校书"。薛涛和当时著名诗人元稹、白居易、王建、刘禹锡、杜牧等人都有唱酬交往，与刘采春、鱼玄机、李冶并称"唐四大女诗人"；与卓文君、花蕊夫人、黄娥并称"蜀中四大才女"；与李清照合称"诗词双璧"。薛涛居浣花溪上，曾自制桃红色的小彩笺，用以写诗。濯锦江畔的薛涛井，旧名玉女津，据传是当年薛涛制笺所用水井。入明后，蜀王将水井砌以石栏，每年三月三日这天，汲井水精工仿制薛涛笺，每次造笺24幅，其中16幅上贡皇帝，余下8幅留在府中自用。清康熙三年（1664年），成都知府亲书"薛涛井"三字，刻为石碑立于井畔。嘉庆十九年（1814年），人们为纪念薛涛，在薛涛井旁建吟诗楼、濯锦楼、浣笺亭等建筑。

七十多年后，华阳县人马长卿倡议道，成都本是文采风流之地，却多年来科第衰歇，未出状元和进士，应重兴文运。于是征得四川总督同意，在江畔筑一四级高阁，供奉文曲星，以祈求文运昌盛。并以晋代左思之《蜀都赋》中的"既丽且崇，实号成都"为高楼命名为"崇丽阁"，俗称"望江楼"。望江楼建成于光绪十五年（1889年），阁高三十九米，朱柱碧瓦，翼角飞檐，登高眺望，江天风物，一览在目。崇丽阁建成的同时，也重修了吟诗楼、濯锦楼、浣笺亭，以及新增五云仙馆、流杯池、泉香榭、清婉室等建筑。不知崇丽阁的修建是否真改变了风水，振兴了文运，就在高阁建成六年后，即光绪二十一年（1895年），四川终于出了一位状元资中人士骆成骧。

虽是借兴文运之名造了崇丽阁，但阁下的楼台墓亭无不是纪念缅怀唐朝女诗人薛涛，其宏丽程度甚至较城南、城西的武侯祠堂和少陵草堂还更胜一筹。一个是千古名相，一个是一代诗圣，而薛涛却是一个身份卑微的乐籍歌妓，难怪时有儒生撰联道："古井冷斜阳，问几树枇杷，何处是校书门巷？大江横曲槛，占一楼烟月，要平分工部草堂。"

西蜀本是文采风流地，
但多年来却科第衰歇。
为求文运昌盛，
人们便于锦江河畔构筑一四级高阁，
供奉文曲星，起名"崇丽阁"。
就在崇丽阁建成六年后，
四川还真高中了一位状元郎
——资中人士骆成骧。

四川机器局·仿外洋枪炮之巧,精求武备

地址:锦江区三官堂街南光机器厂内　现状:存护厂碉楼和小段围墙

　　望江楼对面是三官堂,成都人前些年吃羊肉的地方。每到冬至,八九家羊肉店铺前围满了食客,桌子都摆上了大街。有热气腾腾、汤汁乳白的羊肉汤锅作底,食客们也顾不得露天的寒冷,痛快地吃喝起来。人们大快朵颐的地方原来有座古道观,名叫"三元宫",祀的是上、中、下三元大帝。三元大帝在众神仙中地位虽不算太高,但和百姓关系紧密,分为天官、地官、水官,合称"三官"。中国旧时的祠庙宫观遍布城乡街头,但一夜间消失得干干净净,要想找也不难,一是凭借以寺为名的地名,二是找学校,城中大多祠庙都在解放后改作了学堂。不用说,三官堂街上的田家炳中学就是过去三元宫旧址,只不过已无了痕迹。同时在三官堂消失的还有一处远胜于道家宫观和羊肉铺子的风物,它就是开四川近代工业之先河的"四川机器局"。

　　在成都东二环内侧,三官堂街与老成仁路交会处有一段弧形老墙,老墙长不过十数米,高不足三米,但叠砌得颇为讲究,墙柱以小方砖横砌,墙体则横竖相叠,墙檐为

方砖层层交错平铺,生满了青藓。围墙向北延伸下去,立着一座青砖砌筑的碉楼,碉楼高约六七米,上下三层满布以红砂石镂出的枪眼。楼内木板楼梯等设施均已拆掉,俨然入了一座巨大的深井中。过去碉楼雄踞在一片水田之间,视野开阔,而如今四周马路横亘,高楼林立,反倒显得有些猥琐。这就是昔日四川机器局的一角厂东侧的护厂碉楼和围墙。

昔日的四川机器局碉楼，
原本雄踞在一片水田之间，视野开阔，
而如今四周马路横亘，高楼林立，
反倒显出有些猥琐。

四川机器局始建于清光绪三年（1877年），为当时刚就任四川总督的丁宝桢主持创办。丁宝桢，贵州平远人氏，咸丰年间进士，从湖南知府，到山东巡抚，再到四川的总督，仕途一路走来还颇为顺畅。丁宝桢是位洋务能臣，他力图强御侮。在入川的前一年，即光绪元年（1875年），丁宝桢以"靖海安边"为名，在济南北郊择地三百亩创办"山东机器局"，首开山东近代工业之先。次年，丁宝桢升任四川总督，于成都下莲池街一带再建"四川机器局"，引进西洋机器设备，制造洋枪火药，再开四川近代工业之先。三十年后，机器局因老旧狭小，不敷使用，遂迁往锦江东岸的三官堂新址，1910年，更名为"四川兵工厂"。三官堂新局临锦江而设，占地261亩，厂房建筑等全由德国建筑师主持规划设计。除了本地烧造的青砖外，水泥、金属、玻璃等材料一律从德国进口。同时在锦江西岸建"造药所"，生产弹药，原下莲池旧局改为"炮厂"，筹制火炮及机关枪等。新局历经四年才修筑完成，继而以重金购入造枪机、造弹机、修理机等各种机器设备四百余部，高薪聘请德国技师三名担任监工，再又从江南制造局、汉阳兵工厂精选技师工匠百余人入厂。

昔日四川机器局最后的弧形老墙

护厂碉楼上的射击小孔

被美军缴获的日军机械，后安放于厂内此使用至今

翻砂车间

然而总督大人们忙活了半天，都是为日后革命党人做的准备。两年后，中华民国成立，兵工厂、炮厂、造药所等都悉数归了民国陆军部。1918年，兵工厂被四川军阀熊克武占据，从而开始了长达十余年的兵工厂争夺战，由着杨森、刘文辉、刘湘等军阀豪雄们轮流盘踞。1933年，势力正盛的刘湘将四川兵工厂的可用机器悉数运至重庆，重庆武器修理所从此得以壮大，而四川兵工厂则成了个空壳。抗战期间，曾名震西南的四川兵工厂竟然改成了一间培养军工技师的技工学校。战争结束后，四川兵工厂终于完成了它的使命，正式宣告结束，厂址由四川大学接收。解放后，原兵工厂更为南光机器厂。上世纪八十年代，当年设计四川机器局的德国建筑师的女儿专程来到成都，参观父亲七十年前设计的厂房。哪知她走后数年，曾经的车间厂房公事楼等一律铲平，偌大的厂区只留了些五六十年代建造的厂房。如今再去机器厂，除了满目的高厦竣楼，再无旧迹，就连那些建国初期修建的巨大厂房也成了一种奢侈的记忆。

　　丁宝桢在川十年，励精图治，整顿吏治，办学兴教，修治都江堰，颇有作为，所得俸禄也多用于济困助教。在他弥留之际，这位朝廷二品大员、堂堂封疆大吏居然债台高筑，不得不上奏朝廷："所借之银，今生难以奉还，有待来生含环以报。"1886年，丁公在成都病故，享年66岁。丁公去世后，山东父老恳请朝廷许丁宝桢的灵柩运回鲁地安葬，为他立祠树碑。灵柩下葬时，士绅百姓 "郊野祭吊相属，奔者、望者、悲者、叹者"。在一省主政十余年能留下如此好的官声，这也是对他一生做的最好诠释。当然这是清时的旧事，百年后的山东父老早已不拿总督大人当根葱了，一阵大锤下去，存了百余年的丁宝桢故居瞬间化为了瓦砾。这事发生在新世纪的第二年。

175

白药厂·匿身尘嚣间的洋务工厂

地址：锦江区白药厂某军工单位内　　现状：存公事房、厂房、碉楼等

　　在这座城市绝大多数人的经验中，"师夷长技"似乎不属于这座身处西南边陲的城市，上海、南京、武汉、天津、济南、福州等江海重地或许才是它们的容身之所。知道四川机器局的人或许会说，四川总督丁宝桢曾在成都创办过洋务工厂，但几经拆建，早已没了痕迹。这是专家以及这座城市多年来所形成的固有经验。

　　"白药厂"，成都地图上的一个地名，城东南，靠着府河，就着这个名字，我们去了，没有任何资料，没有任何目的，我们不知道会看见些什么，应该会是一片近二十年修建的大小楼房，这是我们对这座城市的经验。我们在高攀桥下了车，一路走走，典型的城市边缘景象，灰尘飞扬的马路，嘈杂的市场，各式楼房杂陈的机关单位住宅区，甚至还有一个大型的垃圾回收场。一路问问，总算到了白药厂。白药厂是个大地名，就如玉林、双楠、肖家河。鬼使神差，我们走进了一个单位大院。一段长长的青砖老墙，几株依墙而生的老桉树，以及墙边一段崎岖不平的昔日土路。这是一个因新马路的建成而被遗忘封存起来了的静静的角落。难道这就是曾经的白药厂？

百年前的火药生产车间，硬山墙，拱券门窗，檐口用青砖层层叠加。由于制造火药，墙体筑得十分坚固，足有八十厘米厚。地上铺的柏木地板也是厚厚的，踩上去很是实在

193

一百三十年前，刚走马上任的四川总督丁宝桢迫不及待地在下莲池兴建四川机器局，制造洋枪洋炮。二十年后，熟铁厂、碾药厂、洋火药局等许多厂房局库因地气潮湿，皆出现檀柱朽坏、屋宇歪斜的现象。1903年，新任总督锡良奏请朝廷重建新机器局。1910年，新局在三官堂建成投产，并更名为"四川兵工厂"，同时建成的还有位于锦江西岸的下属火药厂造药所。民国后，造药所得以扩建，由初期的七十余亩增至一百五十亩，更名为"白药厂"，专门生产弹药、无烟药以及酒精、依脱硝镪水等。后因防区时代军阀混战，搬空了机器设备，白药厂才随着兵工厂一道逐渐荒废，再以后成了军工单位。

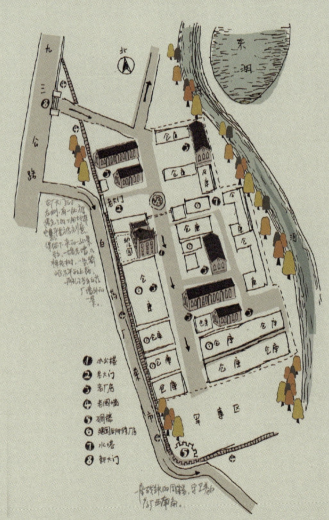

白药厂公事房

青墙平屋

拱券门窗的火药仓库

火药仓库

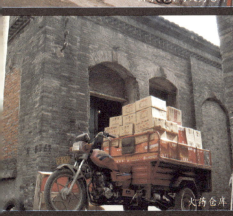
火药仓库

百年洋务仓库现已成为附近食品批发城的临时库房

白药厂菜市，身后围墙即白药厂西墙

再往里走，陆续看见了两三栋乌瓦朱柱券窗青墙的平屋。直到公事房的出现，我们才肯定这正是当年的白药厂。公事房是旧时对办公楼的称呼，两楼一底，青砖叠砌，拱券门窗，上上下下缠满了干枯的藤蔓。公事房的大屋顶上立有八个欧式尖顶，螺旋纹，像是用红砂石雕凿而成。山墙立面浮雕倒挂着的蝙蝠图案，红白相间，雕镂极为精美，且毫无破损，那是中国的图腾，象征着"福到"。公事房内早已是人去楼空，各种文件、资料、证书、奖状撒满了一地，一片狼藉。据说楼的对面过去还有一栋同样制式的公事房，只不过早已被推倒，修了仓库。院内的仓库确实不少，一栋挨着一栋，有水泥的，有红砖的，也有青砖砌成的。红砖房写有标语，文革体，"备战、备荒、为人民"。青砖房是百年前的火药生产车间，硬山墙，拱券门窗，窗台以红砂条石砌成，檐口用青砖层层叠加。由于制造火药，墙体筑得十分坚固，足有八十厘米厚，地上铺的柏木地板也是厚厚的，踩上去很是实在。从残留的标语上看，这里过去很可能就是军区后勤的储备仓库，后来逐渐闲置下来，转租给了附近食品批发城的商户，堆放他们的货物。为了防盗，所有老车间的券窗都被封上了红砖。

　　白药厂西墙外，有一条不知名的小街，当地人都叫它"白药厂菜市"，街道两侧没有什么临街的店铺，商贩们的鸡鸭鱼肉蔬菜摊就沿着老墙一字排开，围墙多长，他们的摊就摆了多长。腌卤熟食、豆腐凉粉、鲜花水果、日杂副食，一应俱全。老墙到了白药厂的西南角拐了一个弯，接着又向东继续延伸开去。拐角处自成圆弧形，比它处多冒出一个头来，形成垛堞，虽有些残损，但碉楼的身份还是显而易见。卖菜老人说："原来这里有四座碉堡，每个拐角处都有一座，后来多被拆除了，这是最后仅存的一座。"

　　沿着围墙再行百余米就到了河边的码头，顺流而下，重庆兵工厂、汉阳铁厂、汉阳兵工厂、安庆军械所、金陵制造局、江南制造总局等昔日洋务雄厂纷纷沿大江而立。在那样一个充满富国强兵之梦的时代，不要忘了，在偏居西南一隅、不知饥馑、不识兵革的成都，同样也有一座洋务大厂。在洋务遗迹已难再觅的今天，它依然还存有公事房、碉楼、围墙及若干的厂房仓库。

围墙拐角处自成圆弧形，
比他处多出一个头来，形成垛堞，
虽有些残损，但碉楼的身份还是显而易见。
老人说："原来这里有四座碉堡，
每个拐角各有一座，后来多被拆除了，
这是最后仅存的一座。"

181

白药厂公事房，
两楼一底，青砖叠砌。
大屋顶上立有八个欧式尖顶，螺旋纹。
山墙立面浮雕倒挂着的蝙蝠图案，
红白相间，雕镂极为精美，
那是中国的图腾，象征着"福到"。

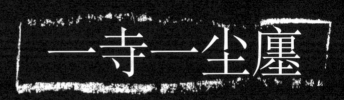

一寺一尘廛

　　一千两百多年前，玄宗皇帝李隆基幸临成都，见大慈寺僧人施粥济贫，为国崇福，一时龙颜大悦，赐田千亩，筑九十六院，并亲笔御书"大圣慈寺"。丛林之广，竟占了城东小半城，莫说西蜀之最，就连整个大唐也难有与其比肩者。只可惜义军领袖的一把大火，转瞬间化为了灰烬，成了一条条街肆闾巷。对于大慈寺昔日的辉煌，专家学者们洋洋数万言，数十万言，毫不惜字，对于它的毁灭，往往以"累经兵燹"、"毁于兵火"、"明末由于军事原因"、"明末复毁"等一笔略过，不由得想起江南佛国数以万计的宫观庙宇一夜间的覆灭，皆如以上笔法，匆匆带过。

古大圣慈寺·精妙冠世，堪媲敦煌壁画

地址：锦江区大慈寺街　　现状：修缮一新

　　早些年的大慈寺对于成都人来说是熟悉的，倒不是因为寺中的梵音佛号、禅院僧堂，也不是因为博物馆中所陈列的画像砖、金银器，而是浓荫花架下铺排开去的方桌竹椅。一说到喝茶，约的多半是这里。那时的"大慈寺"是俗名，正名是"成都市博物馆"，实际功能则为露天茶园。出入大慈寺也有十多年了，但直到它即将要恢复寺院功能的前夕，我们才来到大慈寺真正的山门前，一座尘封了数十年的红垣券门。山门前总是聚了些住户。"当年大慈寺山门关的时候，我还在'铲牛牛'（陀螺），现在山门开了，我都快成爆眼子老头了。"从"铲牛牛"到"爆眼子老头"，一晃近四十年，大慈寺山门一关一启也耗去了四十年。四十年，对于这座千年古寺是弹指一挥间，对于山门前长大的孩子是人生的半载光阴。但对于绝大多数的人来说，则足以忘却一座禅林的存在。

　　大唐开元时期，政治清明，经济繁荣，都城长安为当时世界第一大城，史称盛世。而远在西南一隅的成都虽在隋时有所拓筑，但基本上还保持着秦汉时的规模和格局。西抵老西门，南临南河，东至今暑袜街一线。然而盛世末的一场叛乱将大唐的皇帝送至成都，从而改变了这座城市。

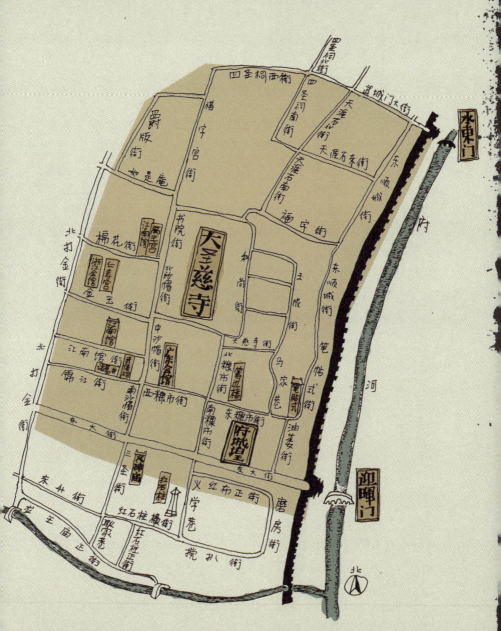

大圣慈寺旧址范围

古大圣慈寺南起红布正街北，东振府河，西至红星路（即打金街）一线，北达武城大街，几乎占据了城东小半城。

安史之乱，唐玄宗避难西蜀，驻跸成都。一次偶然听得大慈寺有位名叫英干的僧人在成都街头施粥，救济贫困，并倡建大慈寺为大唐祈福。玄宗闻后颇为感动，于是赐郊田千亩修建大慈寺，并亲题寺额"敕建大圣慈寺"（通称"大慈寺"）。蜀中高僧无相禅师立寺院规制，是为开山祖师。四十多年后，西川节度使韦皋镇蜀，奉旨重修大慈寺普贤阁，凿引解玉溪水入寺。重修后的大慈寺宏阔壮丽，筑九十六禅院，殿、阁、堂、廊八千五百四十二间，修学僧人二万余人。在时人记述中，这寺中连廊如云，卧桥如虹，重门似山，广庭之漫漫，古称"震旦第一丛林"（震旦，又名九州，印度对中国的古称）。若按今天的城市地理，则南起东大街以南，东抵府河，西至红星路一线，北达武城大街，几乎占据了成都东城的一小半。当然那时的大慈寺尚在城东外三里许，四周皆为水陌田畴，直到百余年后的西川节度使高骈为加强防御扩筑了外城，大圣慈寺才被圈入了城廓。

自大慈寺建成后，成都东郊僧俗云集，市廛兴繁，寺内外不再仅仅是缁衣无发的佛门子弟修习佛法的梵宫丛林，也是王公士庶们进香朝佛、游乐宴请的场所。玄宗、僖宗、王建、王衍、孟知祥、孟昶，大唐前蜀后蜀的皇帝们都曾到过大圣慈寺，或听经礼佛，或游冶宴饮。更有苏东坡、陆放翁等文人名士游寺观画，留下不朽的诗句文章。

除了恢弘壮丽的殿阁楼廊，大圣慈寺更以壁画著称于世。宋人李之纯曾写道："举天下之言唐画者，莫如成都之多。就成都较之，莫如大圣慈寺之盛。"因玄宗、僖宗先后幸蜀，中原大批画师随行而至，所谓"当时画手，或待诏行在，或禄仕两蜀，皆一时绝艺，格入神妙"。殿宇庙堂皆绘有壁画，约千余幅。据宋人所作画录、见闻志、笔记等记载，大慈寺壁画绘有诸佛如来 1215 尊、菩萨 10488 尊、帝释梵王 68 尊、罗汉

大慈寺山门前被陋屋裹着惜字塔，两级六面，塔高七米。本是旧时人崇文惜字、焚化字纸的焚烧炉，可至今世，倒成了投放烂菜弃物的垃圾站。

祖僧 1785尊、天王明王大神将 262尊，另有佛会、经验、变相壁画158幅，以及玄宗、僖宗等帝王官家僚属像390人。且所有壁画均出自晚唐、五代、北宋等朝一流画师之手，其中有名可考者，有卢楞伽、范琼、赵忠义父子、黄筌、文与可、常重胤、李异、孙知微等一代名家，共60余人。壁画艺术之盛，堪与敦煌莫高窟相媲美。宋嘉祐元年（1056年），苏轼、苏辙兄弟二人游览大慈寺，见吴道子高足、唐代著名佛画大师卢楞伽所绘壁画备加赞赏，称其为"精妙冠世"。苏轼还向大慈寺赠送了吴道子所绘《四菩萨像》及《释迦佛像》。

寺中历代所积佛像、碑刻、宝藏更是不可计数。如唐大历朝所铸普贤像、檀香木雕大悲像、五金铸造佛像、接引殿大铜佛等各式佛像数百尊，另藏被尊为佛陀"五宝"的大慈寺佛掌骨、相国寺佛牙、陈留佛指、天清寺佛舌、歧阳法门寺佛骨，以及玄奘大师的顶骨舍利等。

只可惜这一珍贵的佛教文化艺术宝库在入明后屡遭焚毁，终化为了乌有。第一次大劫难是在明宣德十年（1435年），一场大火烧毁了大慈寺半数禅院，今蜀都大道以北的殿宇禅院几乎焚毁殆尽，唯存昭觉院一小殿，后更为"宝光寺"；第二次大劫发生在明末，大西王张献忠的一把大火彻底将这天下第一丛林、唐宋佛教艺术的宝库烧得干干净净，焚为了一片焦土。直到同治六年（1867年），真印和尚发愿在原废墟基础上重筑新寺，修建山门、弥勒殿、观音殿、大雄宝殿、说法堂、藏经楼、接引殿，及客堂、斋堂、禅堂、戒堂等殿堂，占地约四十余亩，光绪四年（1878年）最终落成，四川按察使黄云鹄题写匾额"古大圣慈寺"。

上世纪五六十年代，大慈寺再度迎来新的浩劫。1958年大跃进，唐西川节度使韦皋所铸接引殿大铜佛，也是古大圣慈寺最后一件遗物被投入了大熔炉，化作一锅铜水；1958年至1965年，大慈寺僧人开始长达数年的开会学习，学习的主要内容只有一个，"旧社会把人变成鬼，新中国把鬼变成人"；1965年，大慈寺终闭上了大门。

唐代菩萨头

唐代菩萨头

佛身造像

南北朝佛身造像

石柱础

石灯柱

牌坊柱础

牌坊柱础

唐代舍利宝塔砖

清经幢

民国方砖

佛脚

大慈寺大修之际，
拆除了依墙而建的简陋窝棚，
闭了近四十年的山门终得以现出真身。
红垣券门，精美的浮雕
楣上题额——古大圣慈寺。
然而大修之后，古韵自是无存，
就连这山门上的大片雕花也无了踪迹。

糠市街·百工列肆，市市新鲜纷呈

地址：锦江区大慈寺街　现状：修缮一新

　　大慈寺山门前是片呈十字分布的老街肆，因古为买卖米糠的市集，故起名**"糠市街"**，并按方位分出东、南、西、北四条街巷来。北糠市街抵大慈寺山门，南糠市街通向东大街，与府城隍、大东门相邻。早在过去的千余年间，这一大片街市皆属大圣慈寺九十六院的范围，因地处城乡货物集散码头，始为**市廛最盛处**。

　　大凡梵宫佛刹，多以静为乐，庙堂殿宇远离俗尘，山门前售卖的也多是香蜡纸烛等礼佛的器物。唯独这号称天下第一丛林的大慈寺却乐得与世俗为伍，不但成为官商士庶常来听经礼佛、游寺饮宴的绝好去处，更是全城最大的市集之一。时人记载："独成都大圣慈寺据阛阓之腹，商列贾次，茶炉药榜，逢占筵专，倡优杂戏之类，垄然其中。""合九十六院，地居冲要，百工列肆，市声如雷。"唐宋时的成都，商业实为殷繁，一年四季十二月，时时都有庙会市集，如灯市、花市、蚕市、锦市、扇市、香市、七宝市、桂市、药市、酒市、梅市、桃符市，等等。其中三月九的蚕市、五月五的药市、七月七日的七宝市，以及扇市、香市等均在大慈寺前举行。每逢庙会，内城外埠的农夫商贩、百工技匠纷纷赶来，搭棚摆摊。蚕市的农桑器具花木果品、药市的贵细滋补药材、七宝市的胭脂女红泥人玩偶等百物罗列，珍货奇巧，市市新鲜。元宵、端午、中秋、重阳等节庆又各有庙会，成都百姓不论士庶皆倾城而出，游街宴饮，观灯赏月，好不热闹。

糠市街虽说有东南西北四条支街，
但伴着大慈寺改造工程的进行，
另三条街巷都无了旧迹。
唯有西糠市街尚保有些许的老铺旧宅，
方能从中一窥昔日市廛的繁盛。

只可惜三百多年前，张献忠的一把大火烧了这天下第一丛林，连同成都千余年来所积下的富庶与繁华皆一并化为了灰烬。复建后的大慈寺再没了当初的规模和气度，更莫说那些出自唐宋名家之手的千余幅壁画。大慈寺故地大多沦为里坊闾巷，虽也渐成街市，但已不再是唐宋时的精巧华贵，更多的是市井间的纷繁喧嚣。东南西北四条糠市街均是那种一楼一底的勾栏阁楼式老铺，开着日杂、小吃、副食、五金、文具等各种买卖。现制的剁辣酱、豆瓣酱和小磨香油散发出来的香味溢满了整条街道。临街处撑着一张张油布大伞，摆着小摊，售卖些自家包的抄手饺子、切的榨菜丝丝、腌的板鸭腊肉。时不时挑着担子的小贩被买主叫住，"你这个咋卖哦？""一元钱了，上午还一元五。""少点，八角！""来嘛，来嘛！"

字库　　地址：北糠市街

山门前的旧屋间裹着一座两级六面的青砖石塔，塔高约七米，飞檐高翘，上嵌一额，名为"字库"。字库又名"惜字塔"，是旧时人们焚化字纸的焚烧炉。古时国人敬天惜字，认为文字是"古圣贤心迹"，敬字如敬圣，惜字如惜金。凡书有文字的纸张不得随意丢弃亵渎，须投入到字库中诚心敬意地烧掉。甚至一些文士还雇人或亲自提筐四处收集字纸，最后再投入塔中焚化。如今在城市中，已很难再见这种古人崇文惜字的古老石塔，但在许多偏远的乡村老镇，多能在场镇街口、道路桥梁旁见到它的身影。

广东会馆　　地址：西糠市街28号内

作为四川省的省城，各地商帮、同业公会在这座城市建有诸多会馆，据记载约有三十余处，如江南馆街、湖广馆街、贵州馆街、燕鲁公所街、陕西街等都是过去各地同乡会馆所在地，现如今自是所剩无几。尚还留有故迹的唯有陕西会馆和广东会馆了。陕西会馆位于陕西街，仅存大殿，后改作了饭店。位于西糠市街的广东会馆如今也存一大殿，杂居的住户已陆续迁走，会馆被保护了起来。

马糠市街巷内老宅

西糠市街老宅

老街住户总是那么亲和

西糠市街门楼

街中小巷

闲适的庭院

西糠市街旁的僻巷

广东会馆

广东会馆

广东会馆大殿

西糠市街旁的僻巷

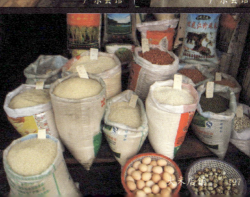

大米店铺

197

笔帖式街·昔日的满汉译文官署

地址：锦江区东糠市街东　　现状：已拆除

　　笔帖式，一个怪得连街上老住户都解释不清楚的街名。不像附近的糠市街、纱帽街、江南馆街、书院街等若干街名，不需老辈啰嗦，都能猜出个缘由来。唯这笔帖式，稀里糊涂就是弄不明白，基本上都认为是卖笔纸书帖的。不过也难怪街坊四邻们不知，这"笔帖式"实际上是旧时的一个官职，而且还是清朝独有的满人官职。

笔帖式街15号，旧时的笔贴式衙门

笔帖式街15号，旧时的笔贴式街门

一楼尚未拆除的窗棂格扇门　199

早在过去，满人称有学问的人为"巴克什"。后皇太极即帝位，建立大清国，就为这些文化人设了个职位，即"笔帖式"，意为办理文件文书的人。大清国的各部院衙署均设有这一官职，一来翻译满汉奏章文书，二来整理记录档案，掌管簿籍。满人入关后，文书档案工作日渐庞杂，大量重要的公文需用满汉两种文字书写，朝廷于是在各省省城广置笔帖衙门，省内各府县官衙的重要文书都要汇集至此，以便整理登记存档。笔帖式衙门同时还具有一项重要职责，就是满汉文的翻译，尤其是在清朝初期，朝廷与各州府间的奏章公文往来都要经笔帖式衙门翻译后再进行传递。笔帖式官职的大小与翰林院编修、县太老爷、府学教授等平级，都为正七品，当然也有八、九品的笔帖式。虽然品级不高，但旗人文职官员多由此发迹，如我们所熟知的额尔德尼、索尼等都是由笔帖式起家，官至宰辅，位极人臣。

笔帖式街原名"玉石街"，过去本是那些玉石珠宝作坊聚集的街肆，后来朝廷将笔帖式衙门设置于此，故而易名。如今的笔帖式街上早已没了昔日那些玉石珠宝店的精巧雅致，满眼的漏屋残檐，做的也多是些粗陋的买卖，台球室、麻将室，最多的还是那种花一两块钱就可以看一天录像喝一天茶的老茶铺。笔帖式街15号是片拆了一大半的老宅，大半个院子被推成了废墟，留下满地的朽木瓦砾，余下的正房和两厢也基本上成了光架架。虽说老宅被拆了墙，卸了顶，但敞阔的院坝，一楼一底的格局，雕饰精美讲究的窗棂格扇门，同样彰显出其非同一般民宅大院的气度。何大爷是老宅内最后一家尚未迁走的住户，算是人们常说的钉子户吧。

"这个就是当年的笔帖式衙门，原来有三进，每进都有一道大门，现在还看得到大门下铺的大条石。后来田颂尧（民国时四川防区时代四巨头之一）把这个院子买了下来，你晓得给哪个了不？送给他过去的家庭教师吴浩义（音）。解放后，房子被没收了，就留了一间给人家住。吴浩义后来一直住这个院子里，就是二楼上的那间，前几年才去世……"

201

纱帽街·官帽戏衣次第排

地址：锦江区大慈寺西　　现状：拆毁殆尽

　　经过近百年的耕垦繁衍，明末大浩劫后的四川经济逐步得以复苏，成都的商业也渐渐恢复了往日的繁荣，商贾辐辏，街肆喧闹，锦衣珠玉等精巧华美之物也重回市廛。一批从事丝织刺绣的手工作坊又汇集到了大慈寺故址一带，开坊织丝，并各成街市，如寺院东沿的和尚街时称"丝织一条街"，西沿的纱帽街时称"戏衣一条街"。

　　据说早在明代，纱帽街就以官帽制作闻名。那时文武官员四季的乌纱帽、布衣庶民的幞头巾冠等都在这里制作。王朝更迭，服饰装束也随之换了新款，乌纱帽没了市场，于是大家将就着祖辈传下来的手艺改做新款的冠帽和戏衣，同样考究的手艺，同样的精工细制，过去的纱帽街摇身一变，成了"戏衣一条街"。大清和民国的成都府，遍地都是戏台子，茶楼、戏园、剧场、会馆，无处不是锣鼓喧天，百戏杂陈，仅纱帽街旁的江南会馆就搭有七方戏台子，时时邀请戏班演戏酬神。当时无论四乡的小班、省城的大班，还是川剧行的名伶头牌都慕名到纱帽街定制戏服行头，什么龙袍蟒衣、凤冠霞帔、彩翎靴履、玉带战旗等各式华衣饰物陈满了整条纱帽街，琳琅满目，众采纷呈。据说过去纱帽街专事戏衣制作的作坊多达数十家，名师技匠百余人，这还不包括机坊、绣坊、丝坊、花布庄、绸缎行等那些从事配套行业的作坊商号。

　　辉煌了数百年的传统川戏最终还是落下了帷幕，没有了看客，更没有了叫好，成了进入博物馆的文化遗产。曾经的戏衣街渐渐变得冷清，少了往昔的车马喧嚣，待到它再度重现江湖时，再没了当年的绚烂华美，各种满是油污的汽车零部件堆满了老街两侧的店铺，成了"专业汽配一条街"。随着大慈寺改造工程的进行，纱帽街也渐渐进入了它的末世。

坤□厚□载□物

51号是纱帽街上最后的一条老弄堂，巷口处的店铺拆除一空，露出青砖壁上嵌着的神龛。红砂石砌成神龛年久日深，所奉神仙损毁严重，看不出大究竟，唯有额上四字看得真切：坤厚载物。

57号是纱帽街上最后的一条老弄堂，巷口处的店铺拆除一空，露出青砖壁上嵌着的神龛。红砂石砌成的神龛年久日深，所奉神仙损毁严重，看不出个究竟，唯有额上四字看得真切——"坤厚载物"。巷内的一切都蒙上了一层重重的黑灰色，黑灰色的墙砖、黑灰色的屋瓦、黑灰色的乌漆大木门，显得有些阴郁。倒是三座门楼上镌着的花卉浮雕，多少添了些花开富贵的喜气。最后留下来的几家住户已没了往日的亲和，更没了巷口土地祠石额上所寄予的宽厚胸怀，户户大门上都以"非本院住户，严禁入内"的警句拒人于门外。安宅是栋围合式的老宅，川西传统民居和石库门结合的产物，院内一楼一底，四方天井，木质壁板槛窗，启着雕花的格扇。安宅的主人本是外乡人，早年来到成都，在纱帽街上从事纺织生意，后积下些银钱买了这处宅院，开了间纺纱织布的机坊。

纱帽街上的旧式牌楼

纱帽街57号

纱帽街57号

安宅

纱帽街上的宅院多是从事戏衣制作或纺织的人家

安宅内景

昔日的荣光已不再现 205

610021

1925年，江南会馆拆建为里弄，连通江南馆街与金玉街，
206 取兴家立业寓意，命名"兴业里"。

纱帽街西为江南馆街、金玉街、棉花街，是旧时同乡会馆聚集的街肆。其中江南馆街因有苏皖两省客商集资合建的江南会馆和五龙宫而得名。会馆规模宏大，仅戏台就多达七座，年年堂会属它最为热闹，堪为成都之冠。金玉街有广西会馆、仁寿宫、浙江会馆。棉花街有江西会馆和王宫禹。1925年，江南会馆拆建为里弄，连通江南馆街与金玉街，取兴家立业之意，命名"兴业里"。兴业里20号的几个宅院过去也多是从事纺织加工、丝绸买卖的商户，如今成了杂院。每次路过纱帽街，都免不了去看看兴业里。第一次，四五家住户挤在一个院落里，除了门上壁上的"拆"字，一切都还其乐融融。第二次，三四个月后，赶上了一家住户的告别饭，也还其乐融融。第三次，两个月后，最后的钉子户……

兴业里街上残留的旧式商铺

门壁写满了"拆"字

最后的兴业里

这本是苏皖两省客商，
集资合建的江南会馆，
民国时改为了兴业里，
住进了专事纺织加工、丝绸买卖的商户，
后沦为了杂院，
再后更是化为了一堆瓦砾。

寺周闾巷·僻街陋巷话大慈

地址：锦江区大慈寺东南一带　现状：尚存些许老街陋巷

和尚街故地相传是大慈寺僧众们居住的禅院，重建新寺时，和尚街一带遂划在了寺外　211

古大慈寺东临的是府河，陆游老先生在他的《老学庵笔记》中写道："寺侧门出，便见大河。"如今寺的东墙垣距府河已是三百多米，生出和尚街、章华里、马家巷、玉成街、东顺城南街、天仙桥北路、天仙桥河滨路等数条南北向的街巷来。南临的是解玉溪，今同样也隔有三百多米，于是又生出大慈寺街、东西糠市街、红布街、磨房街、锐钯街等诸多老街来。

和尚街

和尚街长近两百米，相传是大慈寺僧众们居住的禅院。清朝重建新寺，和尚街一带遂划在了寺外，后集了好些从事丝织工艺的作坊商号，逐渐形成丝织一条街。今天的和尚街依旧古老，清一色的乌瓦穿斗，清一色的老式铺房，重重叠叠，错落有致。旧时的铺板门上还残留着当年的编号，只是久久未曾再开启过，成了寻常百姓的瓦舍。没了丝绸商号的和尚街同时也失去了往昔的繁华，却多了份街坊邻里间的浓浓亲情。

章华里

章华里南起糠市街，故地原为大慈寺的东禅堂和桑园。民国时，城里的富商在寺东购得这片荒地，修建里弄宅院，并取"文章才华"之意命名里弄为"章华里"。章华里是条不太长的小胡同，至今还存有好几处旧时的宅院，其中尤以8号院保存最好，幽静的里巷，嵌着石额花匾的青砖门楼，满植花木的敞阔庭院。院子里住着一位参加过抗美援朝的老军医，依旧还是那身黄灰的旧军装。大门外的水井壁上生满了青苔，虽没了井水，填满了垃圾，但对于这座城市来说，也算得上是少见之物。

马家巷

弯弯曲曲的马家巷虽没有糠市街、纱帽街等商街繁市的喧闹，却多了几分深宅大院的曲径通幽。巷中大宅既有那种门庭轩敞的旧式府第，也不乏那种立有西洋门柱的新派公馆。

小巷、老井、旧宅。

这本是这座城市随处可见的一道景致，

到如今，却成了难得一见的风物，

甚至是仅有的。

城市的改造仍在继续，

仅有的终将还是会化为乌有

213

玉成街

成都原四猪市之一（西在杀猪巷，南在肥猪市街，北在珠市巷），旧名"杀猪巷"，后觉不雅，取意"玉汝于成者为乐"，更为了今名。

东顺城南街

当年唐玄宗敕建的大慈寺，是在城东外三里许，临着大河。七十多年后，唐末西川节度使高骈筑罗城，才将大慈寺圈入城内。此后的明城垣、清城垣都沿着府河而建，同时也生出了城垣下的这条东顺城街。

茗粥巷

茗粥巷，即今天仙桥街的旧名。过去的千余年间，大慈寺在寺院东南一角置有茗粥司，每遇天灾兵祸，寺僧便在寺外搭棚施舍茗粥，赈济灾民。后寺院规模缩减，原茗粥司旧址改建为尼姑庵，并取名"茗粥庵"。

红布街

古大圣慈寺的一个极为重要的坐标，据流沙河老先生分析推测，大慈寺的山门应在今天的红布正街北，而红布街本就是早年被填埋了的古解玉溪。

磨房街

茗粥巷西为磨房街，得名于大慈寺山门外的一座水磨房。当年剑南西川节度使韦皋重修大慈寺时，曾引西郊水入城，溪水经王家塘、青龙街、骡马市、西玉龙街、玉带桥、白丝街、洗马池、桂王桥街、科甲巷、锦江街、东大街、三圣街、红布街，终流入府河，取名"解玉溪"。大慈寺僧人再引解玉溪水入寺，一来汲水方便，二来增添些水的清净，并在寺院东南外的解玉溪上设置了一座水磨房。

锐钯街

磨房街南是锐钯街，也是因大慈寺而得名。大慈寺初成时，尚在乱世，且位于城外，易招土匪强人的惊扰。为保护寺院，僧人们只好拿起锐钯棍棒等兵器，操练演习武艺。当年寺僧练武的地方离大慈寺很近，就在山门外的空地上，与寺院仅隔着一条解玉溪。时过千年，当年操练锐钯棍棒的锐钯街距大慈寺正门已有了近六百米。

和尚街

和尚街

章华里8号门楼

章华里12号

马家巷

马家巷

马家巷

马家巷76号门楼

马家巷76号

书院街·寻常巷陌，五百年翰墨书香

地址：锦江区书院街　　现状：尚存一些老街旧宅

　　大慈寺后门一路北去，街道的名称则完全迥异于寺西寺南寺东的街名，没了棉花、金玉、纱帽、糠市、油篓、茗粥、磨房、红布等散发出来的商气和市井气，润泽出的却是股浓浓的书卷香：书院街、惜字宫街、四圣祠街。

　　蜀地自古文风炽盛，尤在西汉文翁首创官学以来，历朝历代就任官员无不把兴学施教作为任内的首要大事。清明盛世广筑书院学宫，兵祸天灾百废待兴之时，率先兴的也定是这传袭文脉礼教的孔庙学府。入清以来，成都曾以锦江、墨池、芙蓉、潜溪、尊经五大书院闻名于世。锦江位于文翁石室，乃四川最高学府，后与张之洞主持创办的尊经书院合并为高等学堂，即今四川大学前身；墨池、芙蓉二书院同在城北青龙街，双双比邻西汉大文学家扬雄的洗笔池，得先贤精气，后两院合并，即今成都七中。潜溪书院位于外东净居寺，依明大儒宋濂墓祠而创，后移至城内梨花街。五大书院或居城南，或位城北，或在城中，没有一处毗邻城东大慈寺，这寺北的"书院街"究竟从何而来？

　　大圣慈寺自入宋后，先后两次遭遇大火，一是北宋淳化五年（994年）的李顺起义，寺十分之二三毁于兵火；二是政和二年（1112年），十六院焚为灰烬。虽损毁严重，但均很快得以复建，规模不减当年。明宣德十年（1435年），古大圣慈寺再遭火患，待大火熄灭后，这气势恢弘的天下第一丛林已有半壁成为焦土。今蜀都大道以北的殿宇禅院几乎焚毁殆尽，唯有昭觉院一小殿残立在废墟中。十年后，大慈寺得以重修，但因财力有限，无力再度恢复唐宋时的规模，只得将寺的北沿缩至今蜀都大道。遗下的昭觉院自成一寺，取名"宝光寺"。

在城北的四圣祠街，
本也还属于大圣慈寺的范围。
代大火，丛林半壁化作焦土。
寺院故地相继兴建
溢书院、大儒祠、惜字宫、四圣祠，
是就有了这书院街、惜字宫街、四圣祠街。

成化年间，权倾一时的当朝宰相万安（四川眉山人）将原大圣慈寺部分故地据为己有，兴建花园府邸。不久孝宗即位，权相万安获罪，昔日的宰相府改建为"大益书院"，府前大街遂更名为"书院街"。书院旁置"濂洛祠"，供奉周敦颐、程颢、程颐等三位宋代理学大家。大益书院以学人的"三不朽"为办学宗旨，广延名师，聚众讲学，一方面顺应时势，修学儒家经史，以备科场之需；另一方面为取得秀才资格的士子提供一个交流修习的场所，以达到明志、炼性、开眼、致用的目的，学风甚浓，甚至为川内官学所不及。万历七年（1579年），张居正当国，以书院"作伪之乱学"为名禁讲学、毁书院，关闭书院64家，成都大益书院即在此列，大益从此被废，与濂洛祠一并更为"大儒祠"。同年，四川督抚邀请川内若干文士于大儒祠内开设志局，撰修《四川总志》。

　　大益书院旁立有惜字宫（其前身据说是宋代的禹王庙），内奉始造汉字的黄帝史官仓颉。平日里人们将废弃的字纸收集一处，待到良辰吉日时投入惜字宫内的字库焚烧，再将灰烬撒入河中，以示对圣贤的敬意。惜字宫东是四圣祠，供奉着孔老夫子的四个学生，曾参、颜回、子路、子由。但到了清末，这惜字宫、四圣祠等祭祀先贤的祠庙都无了踪迹，取而代之的是来自大洋彼岸的西式医院和教堂，以及"惜字宫街"、"四圣祠街"两条尚还留存古祠旧名的老街肆。

书院西街

书院东街

四圣祠西街

四圣祠西街

书院东街　219

锦官城杂记

　　国中城市去过一些。仅就建设规划而言，成都无疑走在前面，整洁、现代、时尚、悠闲、舒适。当北京、上海、广州、南京、杭州、武汉等昔日大城尚在为大片老城区犯愁的时候，成都早在很多年前就基本完成了旧城改造的计划。不用走街道串巷，劳神费力，单凭一份历史建筑名录足以看出一座城市的风貌。上述诸城，各级文物保护单位，少则几百，多则数千，其中还不包括那些数之不尽的四合院、石库门、竹筒屋……而成都在这方面的成绩无疑最佳，区区三四十处。因此关于这座城市的过往，言说多于影像，文字多于图片。总的来说，城里的人们最关心的还是当下的吃与喝。

文庙街·巴蜀好文雅，文翁之化

地址：武侯区文庙街　　现状：旧迹唯留李家钰公馆，及刘文彩公馆残墙

　　三百多年前，张献忠一把大火焚了成都，满城皆为瓦砾，以至于清人入驻成都时，未能寻得一间可作署廨的屋舍，不得不将省治暂且移至阆中。十余年后，省府终得以回迁。在百废待举之初，官吏们首先恢复的不是署衙，也不是城垣，而是昔日的圣贤之地文庙。数年后，才陆续重修城垣、万里桥、青羊宫、武侯祠等建筑。然而二十世纪六十年代，新国人最先砸掉的恰恰也正是这"孔家店"。圣贤塑像被捣毁，千年殿堂神祠被夷平，成都文庙学府及其周边建筑群彻底被毁，中国延续数千年的诗书人伦礼义也如此这般化为了乌有。

　　由于成都一府两县的独特格局，城中的文庙学府与署衙一样，各有三处。成都县文庙居城北文圣街，即今文武路；华阳县、成都府二文庙则皆居城南文庙街。文庙前置泮池、棂星门，左右额书"贤关"、"圣域"，照壁大书"宫墙万仞"，两头树碑，上书"文武官员至此下马"。并以此为中心衍生出文庙前街、文庙后街、文庙西街、何公巷、骆状元巷、上池街等若干条街肆闾巷来。区内殿宇重重，庭院深深。周公殿、江渎祠、梓潼宫、六公祠、名宦祠、乡贤祠、范文正公祠、韩忠宪公祠、九曲池等众多神祠林立，栋宇毗连。而这一切的源头都要追溯至两千多年前的那方小巧的石室。

　　早在西汉景帝时，安徽舒城人氏文翁奉旨出任蜀郡太守。到任之后，文翁见蜀地边远僻陋，不知文书礼乐，且有蛮夷风，于是挑选出十余位小吏赴京师长安求学。数年后，小吏们学成归来，均委以重任。同时还在城南用石头垒筑"文学精舍"，招生讲学，创办了中国历史上的第一所地方官学。兴学之初，文翁为吸引生员，对入室的学生给以减免赋税徭役的奖励，对成绩优异者，还可就任郡县各级官吏。短短数年，蜀地文风大盛，甚至可与齐鲁孔孟之乡相媲美。就在精舍开办十余年后，即公元前124年，汉武帝刘彻诏令天下各郡效仿文翁，兴办官学，教化民众。文翁去世后，人们为其立祠，岁时祭祀，精舍讲堂也被后人尊称为"文翁石室"。此后两千余年间，成都城南的这片街巷终为读书治学、文采风流之地。

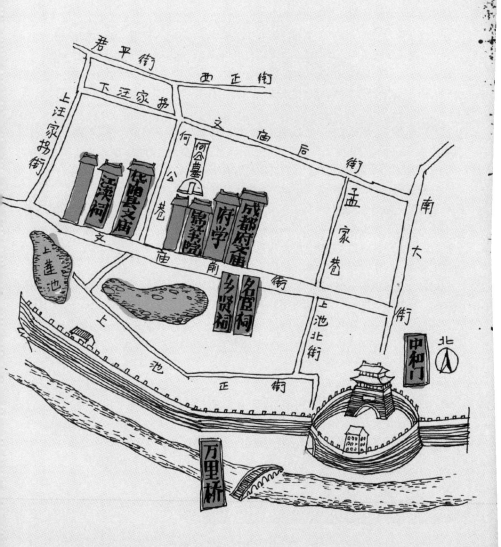

君平街

西正街

下汪家书

上汪家扬街

上汪家扬街

文庙后街

何公墓

何公巷

文庙

民明县文庙

江渎祠

锦江书院

府学

成都府文庙

名宦祠

乡贤祠

孟家巷

南大街

上莲池

上池

上池北街

正街

中和门

北

万里桥

223

东汉末时，文翁石室改为益州州学，并在石室旁筑殿祭祀周公。入唐后改为文庙，祀孔老夫子。五代西蜀，州学辟为孟蜀太学，后主孟昶还令人将《论语》、《周易》、《尚书》等儒家经籍刊刻成石经，作为学子们的课读范本。北宋时继续补刻，终汇集成《石室十三经》，又称《蜀石经》。自赵宋起，石室始为成都文庙府学所在地，直至明末焚于兵火。清顺治十八年（1661年），刚回迁成都的府衙官吏们率先在原石室旧基上复建文庙，设立府学，重塑儒家的人伦礼教典则。康熙四十三年（1704年），四川按察使刘德芳在孔庙西侧创办四川最高学府锦江书院。光绪末时，各地废书院，兴学堂，锦江书院与尊经书院、中西学堂合并为四川高等学堂，后迁入皇城，即后来四川大学的前身。文庙府学故地改为"成都联合中学"，1940年，更名"四川省立成都石室中学"。直到今天，它仍是四川最为著名的重点中学之一。两千一百余年，文翁石室办学未曾中断，校舍未曾迁移，举世或许也仅此一处。

文翁石室、成都府文庙、成都府学、华阳县文庙、华阳县学、锦江书院，两千多年翰墨流香，不光鸿儒学子云集，那些权门显宦、名流士绅们也多学着昔日孟母，择邻而处，依着文庙学府购地筑庐，营造出一方方幽雅的私家花园来，倒又形成一片继文庙学宫建筑群之后的公馆别墅群。其数量之多、规模之巨，堪为全城之冠。

杨遇春宅：杨遇春系清代名将，四川崇州人，官至陕甘总督。崇州"宫保府"即是建于清道光年间的杨氏故宅，也是四川仅存的清代高官府第。位于成都文庙前街中段的杨宅颇具规模，门前立有大照壁，仅大门两侧的拴马桩就多达八根。清朝末年，杨家后人将屋宅捐出，改作铁诮学堂。入民国后又更为了"电报局"。

三迟楼：三迟楼是一片占地约四亩的私家园林。园中垒石疏池，栽花艺树，池畔置木桥茅屋，以及"再耐庵"、"瞻圣楼"、"平安草堂"、"天然室"等精巧庭院，自成一方天地。园主人刘锡玲，是清时成都著名的画家，人称"聋道人"。刘锡玲退隐后取"结婚迟，生子迟，弃笔迟"之意造了这片三迟楼，终日沉湎其中，读书、习画、吟诗、作文。

骆状元宅：成都当年修造崇丽阁实为替代已毁圮的回澜塔，以起到重振蜀地文运的目的。没想到就在崇丽阁建成五年后，四川就出了一位状元骆成骧。他也是整个大清四川出的唯一一位状元郎。骆成骧早年求学锦江书院期间，曾住在文庙西街一小巷中。后大魁于天下，那条菜地边的僻陋小巷于是也名满巴蜀，成了"骆状元巷"，后被讹传为"落酱园巷"。

江渎祠：位于文庙前街，祭江水神的祠庙，祠旁有大小荷池约五十亩，后蜀孟昶曾于池上筑"南北精舍"，千梁万栋，备极奢丽。祠内置明代成化年间铸造的江渎太子及二妃铜像，后存于省博物馆。

周公馆：文庙后街东段的第一座公馆，主人周叔阜曾任国立成都师范大学校长，后挂牌行医。

昔日学子云集的文庙前街　　225

张公馆：张家是个大家族，祖上当过县长，后改行行医，人送外号"张大包"。四个儿子有从政任参议员、县长的，有悬壶济世行医的，也有专事金石篆刻的。

颜公馆：颜公馆与张公馆门对门，两家也同是儿女亲家。颜家的颜楷系四川著名书家之一，辛亥保路死事纪念碑西侧的书法即为颜楷所书。

王公馆：位于张公馆隔壁，屋主人王惠庵曾任四川兵工厂厂长、温江专员。

胡公馆：主人胡法渊，法国海归，学的是市政专业，曾任四川风景管理处处长。今天的省公安厅据说正是当年王、胡两家公馆的旧地。

刘公馆：鼎鼎大名的刘文彩富甲一方，名下地产房产无数，仅成都就有文庙街、陕西街、湖广街等三处公馆，铺面房四十余间。位于文庙后街51号的公馆是刘文彩专为其二姨太杨仲华购置的，高墙深院，阔约三千平方米。1949年，刘文彩因肺病病逝于该公馆。刘公馆后被夷为平地，筑起了宿舍楼，现仅存东西两段长约百余米的青砖高墙。

唐家花园：老成都的私家花园中旧有"南唐北李"之说，"北李"即"李家花园"，巴金祖父的家，也是小说《家》中的原型。"南唐"则是指文庙后街上的"唐家花园"。唐家花园前后四进，大小厅房六十余间，几乎占了文庙后街的一半。其后人唐振常先生曾在回忆文章中写道："园中既有戏台、假山、水池，富中国园林之胜，复有西方园林的开阔的大草地。我们一房住在这个大花园里，住房宽舒之极，活动的天地极为广阔，有山可登，有洞可入，有水可涉，花木丛中鸟语花香，自然感到快乐。"唐家先祖乃光绪年间进士，学识渊博，状元骆成骧、晚清第一词人赵熙都是他的学生。民国后，唐家花园易主对面的川军儒将王缵绪。

王公馆：即曾任省主席的王缵绪公馆，与唐家花园相对。1936年，白石老人游蜀，就住在王缵绪家中，刻印作画长达半年之久。

李公馆：即三十六集团军总司令李家钰的公馆，他是抗日战争中，继张自忠后，第二位以身殉国的国军最高长官。李公馆位于文庙后街92号，也是文庙前后街上唯一一处旧时公馆。

何公巷：位于文庙后街尽头，即石室巷，以街中何公墓得名。当年张献忠大军入城时，身为府学教授的何公见状在署衙内击鼓召集民众抵抗贼军，结果无人响应。绝望中与夫人一起悬梁自缢，以身殉国。后人们收殓了他的尸骨，葬于巷中。

聚在文庙学府周边的公馆花园当然远不止这些，据说辛亥名人四川都督尹昌衡、省主席刘文辉、建设厅厅长向传义、名医曾彦适等的公馆都位居于此，只不过新政之后几乎被政府机关及学校占尽，拆除花园旧宅，新建楼宇，唯留下李家钰将军的独栋公馆，以及刘文彩公馆的一堵残墙。

石室中学

刘文彩公馆，现仅存两堵青砖高墙

李家钰公馆

汪家拐最后的老宅

老宅天井

已被封堵的门楼

汪家拐老宅

青羊宫·赶花会，川西第一道观

地址：武侯区青羊正街　现状：保存完好

　　成都旧时风俗节庆繁多，但春节过后接连三场最热闹的娱事，无疑是属于城西青羊宫的。

　　青羊宫外的青羊正街古称"青羊肆"，相传战国时就已是西蜀一带著名的市集。当年老子骑牛过函谷关，为关令尹喜著《道德经》，临走时说道："子行道千日后，于成都青羊肆寻吾。"千日后，尹喜果然来到成都青羊肆，见老子已投胎降化为一牵着两只青羊的白发小童，而青羊宫即为老子降生处。早在唐时，每逢农历二月十五老子诞日这一天，人们都会在青羊宫举办盛大的庙会，祈福纳祥。庙会前三天的农历二月十二日，恰又是"花朝节"，百花神的生日，是花农群集开市卖花、人们踏青游春的日子。久而久之，这青羊庙会和二月花市合二为一，成了一年一度的大型"赶花会"，延续千余年。元宵灯节本是城中的一大盛会，尤其是大慈寺一带，为灯彩最盛处。上世纪六十年代，元宵灯会也集中移至了青羊宫。

　　黄巢之乱，唐僖宗避祸成都，曾驻营青羊宫（时名"玄中观"）。据记载，僖宗驻跸道观时曾见一红光入地，挖开地面后掘得一方玉砖，上镌"太上平中和灾"（中和为僖宗年号）六字。有太上老君护佑，僖宗自是大喜，遂赐钱二百万，大兴土木，广筑殿堂，改玄中观为"青羊宫"，使之成为唐末西川第一道观。明末，青羊宫毁于张献忠兵乱。或许是道家清静无为的思想正符合清初战乱后休养生息这一政策的需要，青羊宫成了继文庙之后第二处恢复的祠庙建筑。清康熙七年（1668年），四川巡抚张德地捐俸重修了青羊宫。27年后，按察使赵良璧又修建了青羊宫东侧的二仙庵。

　　青羊宫依浣花溪而筑，沿中轴线分置山门、混元殿、八卦亭、三清殿、斗姥殿、唐王殿。八卦亭立石柱八根，柱身盘龙环绕，栩栩如生，其镂雕技艺堪为一绝，是较为罕见的石雕艺术珍品。相传当年八卦亭刚筑成时，有条盘龙复活，欲腾云而去，却被当值使者发现，一拳定在了柱上，如今在盘龙石柱上还能隐约看见当年的拳印。三清殿为青羊宫正殿，又名无极殿，殿宇面阔五间，内奉三清塑像，以及十二金仙像。殿内立木柱八根，即"八大天王"；石柱二十八根，即"廿八星宿"。青羊宫得名自和"青羊"有关，但据说明末时被张献忠化为了铜水铸币。清雍正元年，大学士张鹏翮在京师的市集上看见一尊铸铜的独角青羊，于是重金购下，赠与成都青羊宫，以补老子遗迹。张公所

三清殿前的青羊购自京师，
相传是宋开封府经梅阁之物。
实为十二属相化身的异兽，被视为"神羊"。
自打神羊入了青羊宫，
成都民间又多了一种习俗
——摸青羊。

229

购青羊长着鼠耳、牛鼻、虎爪、兔背、龙角、蛇尾、马嘴、羊须、猴颈、鸡眼、狗腹、猪臀，实为十二属相化身的异兽，被视为"神羊"，系镇宫之宝。自打"神羊"入了青羊宫，成都民间又多了一种习俗"摸青羊"。据说人身上哪有病痛不适，只要摸一摸青羊同的部位，定能手到病除，颇为灵验。数百年下来，那只被所有成都人摸过的青羊已是通体透亮，色如赤金。道光九年，成都一位张姓士绅请云南铜匠师傅再铸双角铜羊一尊，与独角青羊配为了一对。

三清殿后为斗姥殿，也是青羊宫唯一留存至今的明代殿宇。斗姥殿后的坡地筑有"后苑三台"（据考乃唐代陶瓷窑遗址），东为降生台，相传为老子分身降化处，台上塑白发婴儿老子像。西为说法台，塑老子与尹喜说法像。中为紫金台，又名"唐王殿"，塑唐王李渊夫妇及李世民像。

青羊宫东侧原是一片阔约七十亩的大花苑，康熙三十四年（1695年），四川按察使赵良璧改花苑为道观，同祀吕洞宾和韩湘子，并亲书门匾"二仙庵"。道光时改为"十方丛林"。 二仙庵原有山门、灵官殿、钟鼓楼、吕祖殿、斗姥殿、九皇殿、百神殿、藏经楼、客堂、道舍等大小殿堂数十间，道众百余人。上世纪五十年代，二仙庵被关闭，成了文化公园的一部分，直到本世纪初时才终得以恢复。

每年一到"赶花会"，全城老的少的便纷纷拥出城来，沿着城墙根、锦江河，经柳荫街一路行至青羊宫。南门外的万里桥头，也有很多拉客的轿子、鸡公车、黄包车，以及骡马大车，花上数枚小钱，就能省下好几里的脚力。此时的青羊宫、二仙庵、青羊正街，里里外外都围满了人，摆满了摊儿，农副器具、日用杂件、泥人玩偶，最多的自是四乡的花农，什么杜鹃、迎春、海棠、春兰、栀子、紫藤、山茶等各色鲜花堆满了花棚花架，五彩缤纷，花香四溢。一些寺院和其他州县的花商也在会中辟出一方区域，展示自己精心培植的奇花异卉和盆景。成都旧时的寺院除礼佛外，多还擅长花木园艺，有"花寺"之称，如万佛寺的海棠、西林寺的牡丹、龙潭寺的紫藤、尧光寺的菊花等，过去都曾名冠一时。

花为媒，那些说书的、唱清音的、变魔术的、演双簧的、耍杂技的也都纷纷齐聚青羊宫，搭棚设台，表演助兴。还有专为各路练家子摆下的比武擂台"打金章"。竹林树丛间搭起的小吃摊是花会上的一大亮点，一排竹棚，一溜木桌条凳，招牌幌子一挂，得"赶花会"的食客们蜂拥而至。除了花会间号称"食之霸"的张凉粉、糖油果子、三大炮外，还有总府街的赖汤圆、荔枝巷的钟水饺、打金街的韩包子、白家的肥肠粉、军屯的酥锅盔、皇城坝的肺片、怀远的叶儿粑、新都的桂花糕、灌县的丁丁糖等各色小吃，数之不尽。

青羊宫山门

混元殿

八卦亭

八卦亭盘龙石柱

三清殿

檐柱木雕

檐柱木雕

三清殿

三清殿殿前青羊

文殊院·北门通衢，香烟袅袅飘

地址：青羊区文殊院街　　现状：保存完好

成都旧时多寺庙，如白塔寺、红瓦寺、多宝寺、天祥寺、保安寺、燃灯寺、龙潭寺、化成寺、古佛寺、净居寺、白马寺、石佛寺、蓥华寺、新开寺、龙王庙、牛王庙、四圣祠、惜字宫、法云庵、观音阁、纯阳观、三官堂、昭忠祠，等等。北门一带更是寺庙密集，宫祠棋布，小小一片区域内就林立着文殊院、娘娘庙、五岳宫、白云寺、楞伽庵、火神庙、真武庙、灶君庙、狐仙祠、福善祠、弥勒庙、量寿庵、景云观、喇嘛寺、如是庵，以及成都县文庙等，几乎是一街一寺，或是一街两寺。明末兵祸，那些有着数百年乃至上千年历史的寺祠宫观皆悉数化为了浮土尘埃。

　　考虑到北门连接川陕大道，上达京师，既是商旅贩夫行经的主要通衢，又是官员往来和朝报奏章传递的重要门户，于是主蜀的官吏们率先修复了北门的入城大道，采石铺路，使北门内外街道平整宽阔，履之坦然。与此同时，寺院、宫观、祠庙、铺房、堆栈、商号等也一一得以修缮重建。于是北门内大街一带的寺庙远盛于它处，街中也多是那些制作经营金银器物、珠宝玉石的作坊商号，如珠宝街、金丝街、银丝街、白丝街、打铜街等。经过官绅们的大力重建，城北大街一带再度恢复了往昔的繁盛。香烟袅绕的梵宫佛刹，金器铜器罗列的商街市集，好一派繁荣富庶的景象。数百年过后，城北的诸多佛寺宫院纷纷断了香火，无了僧众，唯留下当年北门的中心大寺文殊院，以及许多以寺为名的老街闾巷。

文殊院山墙

成都市佛教協會

四川省佛教协会

空林佛学院

早在隋朝，被封为蜀王的文帝四子杨秀一到成都就大兴土木之工，拓城廓，筑王宫。同时又造就了三处胜迹，一是摩诃池，二是散花楼，三是信相寺。摩诃池、散花楼位于城中，明蜀王宫一带，李白曾登楼高叹"今来一登望，如上九天游"。杜甫夜泛摩诃池"莫须惊白鹭，为伴宿清溪"。武元衡"爱水看花日日来"，花蕊夫人"嫩荷花里摇船去，一阵香风逐水来"，陆游更是唱出了"摩诃古池苑，一过一销魂"。只可惜如此人间殊胜地几经战祸，几经建设，早已是荡然无存。信相寺据说为杨秀宠妃、当时的"圣尼"信相所建，故得了此名。五代曾一度更名"妙圆塔院"，入宋后仍复称"信相寺"。明朝末年，古寺毁于兵灾，庙堂俱焚，唯遗十尊铸铁护戒神像和两株千年古杉。清康熙年间，一位法号慈笃的禅师来到信相寺，在废墟上结茅庐苦修多年，当其圆寂火化时，人们看见火光中有文殊菩萨显圣，认为慈笃禅师乃文殊的化身，于是共同捐资重筑了庙宇，始称"文殊院"。康熙皇帝还御笔亲书"空林"二字赐予寺院，此墨宝至今仍存于文殊院内。

文殊院系清川西"四大丛林"之一，中置山门、天王殿、观音殿、大雄宝殿、说法堂、藏经楼，两庑配以钟楼、鼓楼、禅堂、观堂、客堂、斋堂、戒堂、念佛堂及各职事寮房，计有殿堂楼舍二百余间。院内供奉大小佛像三百余尊，既有南朝的石刻、唐宋的铁铸神像，也有清代的铸铜护法韦驮像、泥胎彩塑，以及民国高僧历尽艰险、徒步请回的缅甸玉佛。另有历年累积下来的众多宝物，如唐代玄藏法师顶骨（现归还大慈寺）、明崇祯皇帝妃子所绣的千佛袈裟、清陕甘总督杨遇春长女以自己头发绣制的水月观音像、康熙皇帝御书的"空林"墨迹、康熙爷临大书家米芾的《海月》条幅、三院僧刺舌取血书写的《舌血经书》、挑纱制成的文殊菩萨像、印度贝叶经、唐代日本鎏金经简，以及何绍基、郑板桥、张大千、丰子恺和历代高僧们的书画作品等。

如今因打造集休闲娱乐美食购物于一身的民俗风情街文殊坊，文殊院周边街巷连同所存不多的老铺旧宅悉数被拆除殆尽，并在原有基础上再造出目前已是风靡全国的仿古街市。在这一大片喧腾嘈杂的街肆古坊中，唯一真实的，或许仅有那些记录着旧时香火盛世的古街巷名文殊院街、五岳宫街、白云寺街、楞伽庵巷、真武庙街、灶君庙街……

文殊院山墙

文殊院山门栅栏

红垣石塔

文殊院

文殊院

文殊院

文殊坊改造前夕的老宅

雕花门楼

雕花门楼

草市街·两间火神祠，两把无名火

　　草市街虽是买卖草料的市集（早先多是喂养牲口的草料，后多为垫床用的茅草），但市中最大宗的买卖还是"米"，与东门城隍庙、南门浆洗街、西门车码头并称为成都的"四大米市"。前面说到，旧时的成都北门寺院祠庙众多，香客商民云集，市廛尤为繁盛。然而那些木构的商铺货栈接栋连檐，虽有封火墙相阻，但一旦火起，火借风势必蔓延成片，殃及四舍邻里。于是在这段并不太长的街肆上，人们捐资兴筑了两座降伏火魔的庙宇火神庙和华光庙。然而事与愿违的是，两座前后相邻的火神庙不但未能消除火患，反而为大火所吞噬，先后葬身于火海。一个焚于民国，意外失火。一个毁于今世，疑似"纵火逼迁"。

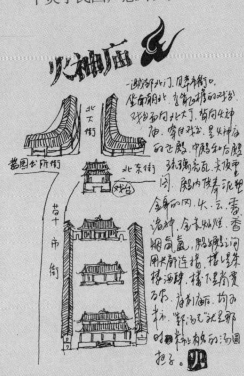

草市街虽是买卖草料的市集,
但市中最大宗的买卖还是"米",
与东门城隍庙、南门浆洗街、西门车码头
并称为成都的"四大米市"。

239

火神庙　　地址：草市街与北大街交会处

　　成都寺院宫观的由来个个皆有一段神奇的传说，唯火神庙的传奇却说的是修建它的营造师傅木匠刘三师。话说清光绪年间，成都本地木匠刘三师在木料缺乏、工期时短的情况下，智过用材、上漆、升梁三关，不但提前完成了火神庙的建造，还富余出许多木料来，以高超的技艺与巧智为成都营造业挣足了面子。火神庙占地十余亩，前后三大殿，重阁高耸，翼角高翘，殿堂间回廊相连，夹弄相贯。庙前置两面均可演戏酬神的大戏台，沿街店房一楼一底，下开商铺百家，上设茶楼酒肆。每逢火祖圣诞和喜庆吉日，大戏台上连着数日锣鼓喧天，好戏连台，前来观礼看戏的百姓更是将台前大街围得是水泄不通，盛极一时。只可惜火神老爷保住了四邻商民免遭火患，自己却身陷火海。民国的一场大火终使火神庙化为了一片灰烬。

　　据记载，百年前的那场大火并未将火神庙烧得干净，当年大戏楼对面的看台仍屹立在北大街与酱园公所街的交会处。说起当年的火神庙，家住街口处的大爷来了精神，不顾家人阻止（全家人正要出门赴宴），硬要出门将古庙的遗构指给我们看。这是一栋位于街口拐角处的两层乌瓦老铺房，漏屋残檐，一派破相。屋前屋后都已夷为了平地，唯有老屋还做着最后的丧葬生意。店内店外挂满了花圈，像是为老铺准备的。数月后，老铺成了剥得精光的屋架，像是一座丰碑，最后述说着火神庙的往昔，以及木匠刘三师的传奇故事。两年后再去酱园公所街，街口处早已是焕然一新，立上了一座冲天大牌楼，上书三字"文殊坊"。

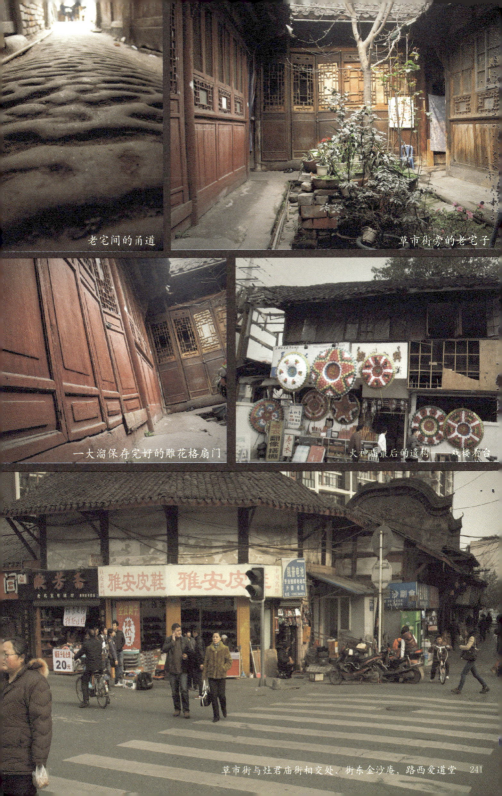

老宅间的甬道

草市街旁的老宅子

一大溜保存完好的雕花格扇门

火神庙最后的遗构——戏楼暮台

金沙庵　　地址: 草市街灶君庙街56号

　　金沙庵原名"华光庙"，奉的是能消除火患的火神华光大帝，始建于清乾隆年间。庙中过去还供有一尊手捧金沙的千手观音像。相传在同治初年，观音菩萨曾显瑞灭了大火，重修庵堂时便更名为"金沙庵"。与相邻的文殊院相较，前后三重殿宇的金沙庵实在是太小。但她却有着三百多年历史，是城廛中少有的一方清幽净土。

　　既有专降火魔的华光大帝坐镇，又有韦陀、文殊、普贤、观音、释迦牟尼等菩萨佛祖护佑，这金沙庵还是在2006年的一天夜里发生了火灾。老庙日久年深，又多香烟火烛，失个火也实属正常。但巧的是，前些日子有开发商要求古庵搬迁，这种极度无理的要求自然是遭到尼众们的坚决拒绝，几次商谈无果。不久，古庵隔壁商铺搬走，撤迁方进入，恰在此时，大火骤起。这场看似蹊跷的火灾在我们身边似乎屡有发生，而起起惊人的相似。失火的房屋定是处于拆迁范围的老屋；失火的时间定是拆迁谈判陷入僵局期间；失火的住户定是拒不搬迁的"刁民"；失火的原因定是"农

民工吸烟煮面不慎引发了火灾"。倒是可敬的消防官兵，五个中队、十多辆消防车，共同作业，终降住了火魔。只可惜火势太猛，有着三百年历史的大雄宝殿未能保住，化作一片灰烬。

　　街那头高唱弘扬传统文化、诠释老成都的人文精蕴；街这头一场无名蹊跷的大火烧毁了有着数百年历史的古老尼姑庵。

爱道堂　　地址: 草市街西侧的通顺桥街

　　爱道堂与金沙庵隔街相望，始建于明朝，位于原来的通顺桥畔，占地约十亩，古称"圆觉庵"。民国时，圆觉庵更名为"十方爱道念佛堂"。"爱道"为释迦牟尼的姨母。《大爱道比丘尼经》里说："佛生七日，生母摩耶夫人逝，姨母大爱道替姐抚育。佛成道后，允许姨母大爱道率五百宫眷出家修行……"从此，佛教僧团中有了第一个女性修行的团体，大爱道成了女性修行者依止的比丘尼师。1941年，隆莲法师在爱道堂奉昌圆法师之志，首创莲宗女众院，弘扬正法。

金沙庵山门　　　　　　　　　　　　　　　金沙庵山门

金沙庵前殿　　　　金沙庵大殿，已被烧毁，后新建　　　　爱道堂

九思巷·回坊故地，满汉回三交界处

地址：青羊区后子门　　现状：为数间旧式院落

　　明王朝各地藩王府，都依着京师帝宫的制式进行营造，连后宫门的名字也取得一样，清一色的"厚载门"。后来宫门名犯了皇帝的圣讳，牵强地取了个谐音，称"后宰门"。在天子眼里，这本是取"主宰万物"之意，可老百姓们却始终觉得它是行刑砍头的地方，于是就有了今天成都的"后子门"。后子门街南起皇城北门，北至骡马市，左右分列五街，其中东为东御河沿、东御河街、东二巷、上陞街、西玉龙街；西为西御河沿、西御河街、西二巷、九思巷、羊市街。早在大清国的两百多年间，这十一条街巷连同皇城东、西、南三面的大片街肆悉数划给了来自西北的回民，更作回回坊。

　　清康熙年间，四川巡抚年羹尧将皇城以西的大片街巷皆圈为旗营，修建满城，驻防八旗官兵。为了避免满汉之间发生冲突，还专门请奏朝廷，从青海、宁夏、甘肃、新疆等省迁来大批回民，安置在满城外的皇城四周，即今东西御街到羊市街一线。在满汉两城间形成了一个由回民杂居的缓冲地带，并相继开设了牛羊市场及十余座回教清真寺。如皇城寺、义学寺、东寺、西寺、七寺、八寺、九寺、十寺等。羊市街南的九思巷东起后子门街，西抵八寺巷，与满城小东门相通，北临清真九寺的后墙，地处满、汉、回三大聚居区的交界处，也是昔日回回坊内存下的最后一条老巷。

九思巷3号是片精巧的老宅院，
青砖门楼，庭院天井。
尤其是堂前那六扇雕花的格扇门，
保存十分完好，
在今日的成都已实属难得。

有人说，"九思"是"九寺"的讹称，也有说是古已有之，取自孔老夫子的《论语》，"君子有九思，视思明，听思聪，色思温，貌思恭，言思忠，事思敬，疑思问，忿思难，见得思义。"仅从门脸上看，九思巷1号像是一处官宦人家的宅子，垂花门，户对楣，斑驳的朱漆门板上还残有秦琼、尉迟恭二门神的印迹，璎冠胄甲，威风凛凛。3号据说是当年驻防成都的川军二十九军军长田颂尧在城里的一处私宅，他的丈母娘一直在此居住。这是片算不上太大的四合院，精巧雅致，青砖门楼，庭院天井，尤其是堂前那六扇雕花的格扇门，保存十分完好。门楼的石额上存有字迹，仔细辨认，镌的是"大树家声"。旧时中国，宗族伦理观念深入人心，世代相传的先祖训戒往往都镌刻在门额、楹联、堂匾等户中显要处，时时铭记。教族中子弟正心修身，去恶从善，如这冯家的训戒"大树家声"。

早在东汉初时，冯家先祖冯异随刘秀起兵，平定天下，立下赫赫战功，乃东汉王朝的开国二十八名将之一。但冯异却为人谦逊，从不居功自傲，每当那些将领在一起并坐论功时，他常常独自一人避到树下，不去争功抢赏，因而赢得了"大树将军"的美名。冯氏子孙们以此为傲，并以"大树家声"作为冯氏的家训，将谦逊的美德世代相传。

3号对街的院内遗有一间三楹大殿，乌瓦朱柱，轩敞的檐廊，看门人知道他的由来，说是旧时的清真寺。解放后，清真寺被废弃，除了大殿外，所有殿堂一一被拆除，新筑起两栋楼房充作国营回民食品厂的经营部和招待所。再后来，食品厂也被废掉，成了外来务工人员们的临时租住地。

九思巷15号是处寺院，也或是某个署衙的故地，山墙高耸绵延，门廊高大轩敞，只可惜院内的大殿改为了宿舍楼，唯余朱柱回廊的两庑，存了半进。

九思巷1号，门神印迹

九思巷1号

九思巷3号冯宅

九思巷3号冯宅

古清真寺

古清真寺

九思巷15号

九思巷15号

九思巷15号

贲园书库·书香尽散，西南第一藏书楼

地址：锦江区和平街16号　　现状：省图书馆宿舍

想不到在这水泥楼舍间还有这么一栋石库状的房子。青砖，两层，中辟满月门，周开石砌的小窗，下置须弥基座，雕镂出六尊夸张的白象浮雕来。顶部中正嵌一红砂石额，上镌二字"书库"。书库里已然没了书，弃之不用，成了单位小民的陋室，阴湿中夹着一股霉味，又一栋令人生厌的老房子。若放在六七十年前，这栋破旧的老楼可是当时闻名于世的私人藏书楼。藏书三十万卷，与名震天下的宁波天一阁不相伯仲。有珍椠善本的处所，也自会引得鸿儒雅集至此，如于右任，如章士钊，如陈寅恪，如张大千。

书库外的园子过去叫"贲园"，故地本为锦城的一方名胜。古有三国名将赵子龙的洗马池、子龙祠，近有四川提督岳钟琪的景勋楼、祭祀四川总督骆秉璋的骆公祠，以及林泉胜地芙蓉池馆。到了清朝末时，陕西大盐商严氏购下原岳钟琪的府邸，改造为拥有三重厅堂、三进花园的严家花园。

严家少爷严雁峰自幼随家人入川，定居在了成都。他除了读书外，最大的嗜好就是收集古籍善本，年轻时就因藏书五万卷被尊经书院破例录取（书院规定不收外省籍学生）。进京赴考那年，又在北京、西安等地搜罗了大批古书，满载而归。数十年下来，严氏的藏书已多达十万卷。1914年，为了更好地保存珍藏古籍，严雁峰在家中贲园内大兴土木，仿京师皇家档案馆皇史宬的制式建造石质书库。并以"贲园书库"为名，自号"贲园居士"。然而未等书库筑成，严雁峰就于1918年辞世。养子严谷声继承了父业，致力于古籍善本及各类图书的收藏，同时还聘请技艺精湛的匠师对所藏善本进行校勘刊刻。至民国末年，贲园书库所藏图书增至三十万卷（其中善本五万卷），刻印木版三万余片，以及许多历代名人字画和碑帖文物。其中不乏珍稀善本，如孤本宋版《淮南子》和《淳化阁双钩字帖》、明版《梦溪笔谈》、顾炎武手稿、曾国藩的来往信札及用兵的山川地图、刘永福的《使越日记》，还有全国两千八百余县的县志。其藏书量堪与当时的天下第一藏书楼"天一阁"相媲美。

书库建在花园中，
系楠木结构，高大宽敞，
外砌石，通户牖，为石库状，
周围种植银杏、幽篁，冬暖夏凉，清新雅洁。

贲园书库建成于1924年。蜀中名儒陶亮生曾如此写道:"书库建在花园中,系楠木结构,高大宽敞,外砌石,通户牖,为石库状,周围种植银杏、幽篁,冬暖夏凉,清新雅洁。"书库的修筑颇为考究,用料工艺全为藏书而设计。墙体坚厚,以防火恒温;四壁开窗,以通风透气;地板严密,不入潮气;地下层养蛇,可防鼠患;书柜以楠木、檀木、香樟等名贵木料制成,以防虫蛀。每年春天,严谷声还会专门雇人来翻动书页,以免书页浸有湿气,发霉生虫。且翻书人一定是盲人,惟有他们才能做到只翻书、不看书。

三十万卷藏书,自是让人眼羡。但慕名来访云集至此的学者名流更是当时成都的一道盛景。成都报业第一人宋育仁在撰修《四川省通志》、《富顺县志》期间,就长期泡在贲园翻阅史志;历史学家张森楷所著《二十四史校勘记》、《四川省历代地理沿革表》也在贲园编撰完成;国学大师廖季平尤喜贲园所藏医书,称"富于藏书,于医部尤详";川中教育大家龚向农、史学家向楚二学者花数年心血将贲园所藏古音韵学书籍进行整理汇刻,辑成中国音韵学巨著《音韵学丛书》。此外,于右任、邵力子、章士钊、顾颉刚、陈寅恪、沈尹默、林山腴、蒙文通、马季明、陶亮生等鸿师大儒也时常出入严府贲园。诸多文化名流中,最为后世所津津乐道的还是美髯公张大千。

七七事变后,张大千带着家眷、弟子、侍从一行四十多人回到四川,严谷声听闻后,将其接来府中,腾出二十多间屋舍来安顿张大千一行,并为大师安排了画室,订制了楠木画案,使张大千能长住贲园作画。2000年北京的一场大型拍卖会上,张大千的一幅人物肖像画与藏家见面,图中所绘正是严谷声的父亲,一代藏书大家严雁峰。

对于贲园在学界的分量,世人尽知。解放前夕,学界泰斗朱家骅、教育部部长杭立武等人力劝严谷声将毕生所藏书籍移至台湾或香港,中共方面也许承诺,将尊重严氏私人所藏。思量再三,严谷声最终还是选择了留在成都。建国后,严家花园、贲园书库,连同三十万卷藏书、历代名家字画、碑帖悉数捐给国家,归了四川省图书馆。

洋洋洒洒数千字的史料文献往往至此就画上了句号。剩下的过往或许仅能靠眼前这片被宿舍单元楼填满的昔日严家花园、塞满居户的贲园书库来作最后的解读。

西川邮政大楼·七十年前的样板工程

地址：锦江区暑袜北一街　现状：成都市邮政局

暑袜街，旧名大十字（总府街口）、小十字（华兴街口），**旧时成都、华阳两县的界路，**其西为成都县，东属华阳县。街上多轿、旗、伞、蚊帐、铺垫、袜子等行业，尤多制作销售袜子的商号作坊。过去的袜子按季节分为冬夏两种，一是保暖的羊毛袜，二是轻薄的云绸袜。由于成都气候温暖，街上买卖夏袜的季节远长于冬袜，故得名"暑袜街"。后来机织的洋袜进入内地市场，那些靠传统手工织袜的作坊受到严重冲击，纷纷关门歇业。待到大清末年，暑袜街上已找不出几间制作售卖暑袜的老号了。入民国后，街上多是制作军警民团的旗帜、斗笠、锦标、奖旗等的作坊。老街北段兴隆街口处如今立有一栋老楼，壁面满布尘土，所有的玻璃窗也被砸得粉碎，一派破相，犹如一场恶战后的城防工事。

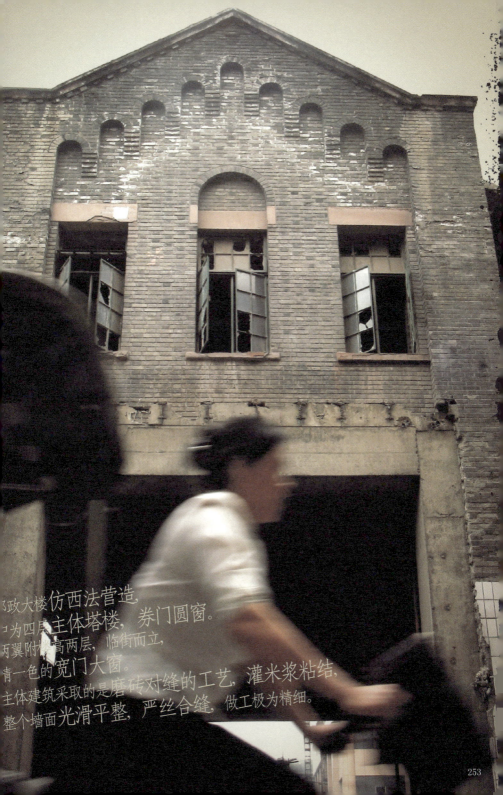

…政大楼仿西法营造,
口为四层主体塔楼, 券门圆窗。
丙翼附楼高两层, 临街而立,
青一色的宽门大窗。
主体建筑采取的是磨砖对缝的工艺, 灌米浆粘结,
整个墙面光滑平整, 严丝合缝, 做工极为精细。

清光绪二十二年（1896年）3月20日这天，光绪皇帝在一份奏请创办大清邮政的折子上御笔朱批，批准开办大清邮政官局，中国近代邮政由此诞生。五年后，大清邮政所的几位代表在成都署袜街兴隆街口处租下一所房屋，开办了成都最早的邮政局"大清邮政成都分局"。同西医、电灯、自来水等所有新鲜事物一样，邮局开办之初，并不为民众所接受，认为是洋人的机构，信不过。甚至还有人将邮局误认为是卖油的货行。大家的信件包裹都还依然交给"麻乡约"（全名"麻乡约大帮信轿行"，是川黔滇三地声誉卓著的民间信局）帮忙传递。经过长期的宣传引导，人们才逐渐接受了这个更为方便快捷的新兴邮政。1915年，全国实行新邮区制，成都邮政局改称"四川邮务管理局"，后又更名为"西川邮政管理局"。1933年，一场突来的大火将邮局公件房、办公楼等悉数焚毁。1935年，人们在旧基上重筑了邮政局大楼。

邮政局专门聘请了加拿大建筑师莫理逊和叶溶清担纲筹划设计，并负责监造。新邮政大楼仿西法营造，阔约五千平方米，中为四层主体塔楼，券门圆窗。两翼附楼高两层，临街而立，清一色的宽门大窗。新局的建造，完全按照现代邮政的使用功能需求进行严格施工。如大楼包裹房的基脚砌以采自龙泉的坚石，并作了防潮防火的技术处理。主体建筑采取的是磨砖对缝的工艺，灌米浆粘结，整个墙面光滑平整，严丝合缝，做工极为精细。屋顶覆盖的大红瓦全出自汉口的砖瓦厂，瓦与瓦之间还以铜丝串连。门窗、地板等木构均以楠木、红松等高级木材制成，所有木料经过蒸煮，至今未见虫蛀腐蚀的痕迹。铸铜铁构件全由国外进口，什么铜栏杆线脚等虽已使用了七十余年，仍分明如初。起居室、卧室置有取暖用的壁炉，卫生间内的抽水马桶，更是上世纪三十年代成都罕见的玩意儿。德国西门子制造的木制吊扇，至今仍能正常使用。

西川邮政大楼建成后，堪为成都一景。当时正值战乱年月，举国入川，每天来这邮信等信的人络绎不绝。邮政大楼于是成为当时最让人魂牵梦萦的去所。在建筑界，邮政大楼更是一栋各项指标都非常优良的样板工程，久为业内所称誉。然而再怎样的优秀建筑、优良工程，到了今世一律划为破屋危楼，一有机会就成了被拆除的对象。1996年，因修筑新楼，老局房险被拆毁，好在有关部门及时叫停，才保住了半栋老楼，空留下外墙的一层皮。

邮政局大楼壁面满布尘土，所有的玻璃窗也被砸得粉碎，一派破相，犹如一场恶战后的城防工事。 255

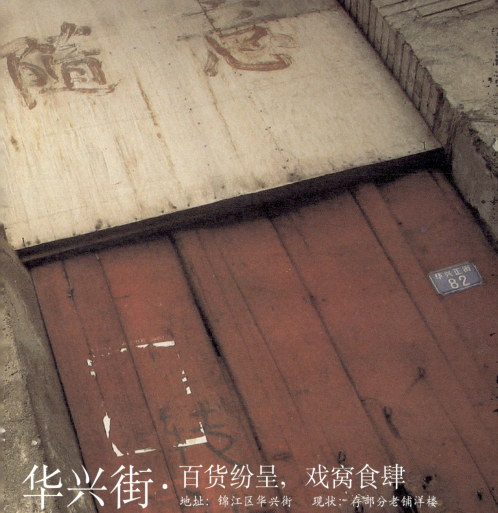

华兴街·百货纷呈，戏窝食肆

地址：锦江区华兴街　　现状：存部分老铺洋楼

　　说到成都，三句离不开美食、美食街。玉林、双楠、锦里、青石桥、望平街、羊西线……数之不尽。华兴街的名声自早于上述食街，远远地传播开去。这一来依的是街上各色价廉的美味，二来真还亏了街东各大报社名记们的时时捧场。二十年代的盘飧市腌卤，四十年代的颐之时餐厅，八十年代后的铜锅煎蛋面、雨田烧菜馆、刘氏冷啖杯、王梅串串香、白家肥肠粉……于是，便有了这条成都最早的美食街。

署衙棋布

　　旧时的华兴街身居城市之腹，四周署衙棋布，多是封火高墙的官厅藩库。街东，即四川老记们的阵营，当年可是掌管一省财赋钱粮及人事的布政使司署，又称"藩台衙门"。今留下藩署街、布后街（即布政使司署的后街）两条街名。衙门东侧设有收纳全省钱粮布帛的藩库厅、布库厅，以及专为官员印制红笺木版名片的街肆，故又留有藩库街、爵版街。街南，总府路，据说是明朝四川最高军政长官的都司衙门所在地，亦称"总府"。再南还有掌司法刑狱的按察使司署，又称"臬台衙门"，即今春熙路第一人民医院故地。街西，提督街，掌管川省军务的提督衙门旧地，后改为中山公园，即今劳动人民文化宫。光绪二十九年（1903年），官府还仿效洋人在这华兴街上设立"四川警察总局"，维持治安，后改为"省会警察厅"。旧时的警察厅除了巡逻街面、缉拿盗贼强人外，也负责消防灭火，集巡警火警于一体。建国后，警察厅便更为了这座城市的消防指挥中心。

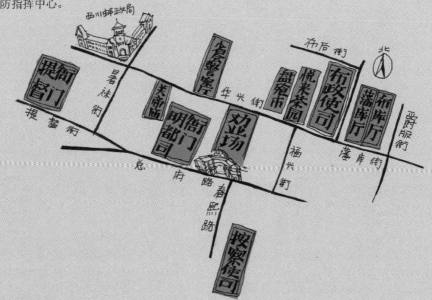

商街繁肆

　　清时的华兴街虽取意"繁华兴盛"，但终不及东大街、北大街、盐市口等老商肆。直到一个人的出现，才彻底改变了成都商业的格局，将总府街、华兴街推为了成都市廛最盛之地。这人正是四川警察局的首位总办周善培。周善培早年留学日本，开了眼界，思想极其新锐。他始办幼孩教育厂、乞丐工厂、老弱废疾院，首辟红灯区，禁止鸦片，改造监狱，预防火患，大力破除迷信思想（开满城、建少城公园也是他出的主意）。在整个中国警界都堪称先驱（杜甫草堂中的青花"草堂"二字即为周善培题写）。数年后，他出任劝业道总办，刚一上任就在警察厅对面创设"劝业场"。宣统元年（1909年）三月，由周善培倡导、商务总会樊起鸿筹办的劝业场正式开场。劝业场前

华兴正街79号，
老人说这里过去叫"香山旅馆"，
是专供达官贵人们享乐的高级妓院。
后归了公安局，作了宿舍。
再后来，开起了馆子。
曾经脂粉香艳，
如今却也落得个污污腻腻。

259

临总府街，后通华兴街，长近百丈，仿西式的两层通廊式建筑，内置商号一百五十余家。入驻的商家均为各行各帮信誉品质卓著者，如鹿蒿的五彩描金玻璃器皿、因利利的各色花布、马正泰的水丝浣花巴缎、马天裕的百子图被面、裕国春的宫粉香胰、松竹轩的刺绣绢扇、荣久身的新衣皮袍、鼎升荣的官帽、熙德隆的靴鞋、桂昌祥的须绦、仁义和的梳篦、醉墨山房的刻磁、三都重的书画、谦益祥的玉器……以及来自京广西洋的北京丸药、广铜烟袋、广东糖食、福建丝烟、台湾番席、京戏戏匣、巴黎香水、泰西沙缎、法兰西绢绸、英国自行车、八音钟表、金丝眼镜，等等。劝业场首开成都新式商场之先河，不但开了川人的眼界风气，也与天津、北京、武汉、济南等地一并荣登"中国五大劝业场"。

为了繁荣市面，周善培与樊起鸿再度联手，将华兴街老郎庙改建为继会府"可园"后的第二个公共戏园"悦来茶园"，招引各大戏班轮流唱戏。复兴班、宝顺和班的京剧，翠华班、长乐班、荣泰班的川戏，文明班、文化班的改良川戏等轮番登台上演，场场爆满。直至今日，已更名为"锦江剧场"的悦来茶园仍是日日好戏连台，锣鼓喧天。

香艳花街

华兴街上的龙门阵虽多，但故迹几乎无存，除了改良版的劝业场、悦来茶园、盘飧市、西川邮政大楼、省会警察厅等外（成都三大银行之一的聚兴诚银行也于1985年被拆除），留下的多是那些一楼一底的老的西洋小楼旧铺房。若再装个大招牌卷帘门，老街上也仅余下顶上的那片乌瓦了。华兴正街79号的西洋小楼恰是个例外，欧罗巴式的雕花券门廊，朱红涂漆的大木门，置有阁楼圆柱花窗，一座典型的民国后新派公馆。楼后的平屋造得早些，还是清时的雕花勾栏。虽布满了油污，但柱头檐下的雕镂亦透出一股旧时的韵致。72岁的谢婆婆是土生土长的华兴街人，上世纪七十年代搬入这座公馆居住。对于老屋的过往，谢婆婆仍记忆犹新。

"这里过去是间旅馆，名叫'香山旅馆'，其实就是供那些有钱人耍的高级妓院，来耍的人好多都是坐着小车来的。解放后这栋旅馆成了公安局的宿舍，住了24家人，后来陆续搬走了很多，空房便租给那些开馆子的。"

据了解，当年周善培任巡警道时，曾仿效日本公娼制，对娼妓进行登记注册，发放"乐女证"，挂牌"监视户"，以便管理。如春熙南段、干槐树街、惜字宫南街、燕鲁公所、桂王桥西街、书院西街、西御街、华兴街等都是旧时有名的香艳花街。华兴街与总府街间的福兴街上还有一间专门接待美国军官的酒吧，凡登了记的扬州女子都要定期前来酒吧，为这些美军服务。

华兴街的美食生意已开进了老公馆，门廊和庭院支满了桌椅，楼内和后院则充作厨房和仓库，摆放着加工各色菜肴的锅灶案板，污污腻腻的。说着又到了午餐时间，原本空寂的院子很快就挤满了食客。

勸業場旧影

華兴正街

曾经的老字号

华兴正街70号的西洋门楼

成都名小吃叶儿粑

已不再香艳的香山旅馆

昔日小巧的庭院已成露天食堂

香山旅馆内景

玉泉街·关庙故地，走马转角楼

地址：青羊区玉泉街　　现状：存一走马转角楼

无论是否进过那些高墙深宅的豪门府第，人们对旧式宅院多少都存有一个印记，那就是巴金笔下的《家》。老屋的幽暗，庭院的疏朗，梅花的香色，一个旧时大宅门的写照。而"家"的原型就在成都，昔日巴金的祖居李家花园。

城西的少城是八旗官兵及眷属们驻防聚居的营盘，莫看他们整日游手好闲，身无谋生技能，但对园艺却个个精通。城中院内凡有空隙处都植上了各色的花竹果木，整座少城就如同花园一般。以至于在清末时，入不敷出的旗人竟然辟出满城的一片角落作为公园，对汉人开放，以门票收入接济贫困。时有竹枝词咏道："满洲城静不繁华，种树栽花各有涯。好景一年看不尽，炎天武庙赏荷花。"少城之外同样也遍布着许多私家花园，如忠烈祠的可园、西珠市街的刘家花园、文庙街的唐家花园、布后街的孙家花园、小福建营的龚氏遽园、三槐树的王家花园、双林盘的钟家花园、草堂寺的冯家花园、百花潭的双孝祠花园，以及巴金的祖居正通顺街的李家花园。当然，这些都是旧时的风物，数十年的破旧立新，成都的大宅门早已被根除干净，巴老的祖屋前也仅留下一口双眼古井。

马转角楼为两栋相同造型的楼屋
下两层，青砖砌筑。
屋顶上置有阁楼。
两楼间有天桥相连。
并与四周环绕的回廊贯通。

263

正通顺街南的玉泉街，为旧时的老关庙街和女儿碑街合并而成，取的是关老爷玉泉山显圣的典故。就在这东西五百米、南北两百余米的两街之间却坐落着十余处寺庙庵祠，如兴禅寺、东岳庙、古佛寺、火神庙、灶君庙、金沙庵等，及大量的宅院公馆。玉泉街上香火最盛的自是老关庙，清时更成了旗营武将们聚集宴饮之所。老关庙在入民国后断了香火，改为了学堂，也有说是被卖给了富贵人家修筑公馆。不过旧时的玉泉街上确是高墙环护，门庭森严。其中最大的院落据说是位叫蔡司令的公馆，大小好几个院子。后来这些旧政府的官邸院落一一归了公，分给各个机关单位作宿舍使用。再后来建新房，纷纷推为了平地。多少还留下些遗构的，仅有位于玉泉街与太升路相交处的一栋走马转角楼。

走马转角楼实为两栋造型规格一致的楼屋，上下两层，青砖砌筑，上覆小青瓦。大屋顶上置有阁楼，可堆放杂物或临时住人用。两楼之间有天桥相连，与楼屋四周环绕的回廊贯通。老楼内如今住着数十家住户，因空间狭小，各家各户尽其所能地拓展着地盘，原本通畅的走马回廊也被各家的小厨房小卧室所封堵。楼内房间的布局依的是西洋的制式，客厅、书房、卧室、客房，动静分离。房内空间高敞，仍保持着旧时的原貌，如涂有朱漆的木地板，狭长的玻璃窗，以及来自异域的壁炉。老楼身后横有一排大屋，五六间房，应是当年的厨房、库房，以及下人们居住的房间。

据住户介绍，老楼建于上世纪三十年代，主人是位留过洋的律师。当时的院子很大，朱漆大门，门前还蹲有两只石狮子。楼屋四周都开辟成花园，栽满了各式花草，其中有石榴、葡萄、紫藤、月季、海棠、玉兰、蜡梅，以及一些高大的树木。政府接管后，先是改作了幼儿园，后又成了五金公司的宿舍，原来的花园上也陆续盖起了高楼。

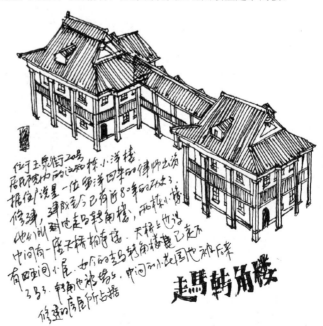

位于玉泉街20号
居民院内的这栋小洋楼
据住户说是一位留过洋的律师出资
修建，建成至今已有近80年的历史了
他们所住也走马转角楼，两栋相连
中间有一座天桥构着连，天桥上也住
有四五间小屋，女儿的走马转角楼建已无不
了，另一栋角楼也被毁坏，中间的小花园也被后来
修建的房屋所占据

走馬轉角楼

巴金祖屋前的双眼古井

玉泉街走马转角楼

小楼一角

房内的壁炉倒成了床头的摆设

老人说，主人是位留过洋的大律师

小楼一角

连接两栋小楼的廊道

楼内券门

陈家桅杆·雕镂工巧，西蜀第一名园

地址：温江区寿安乡天鹅村灌温路　　现状：修缮一新，对外开放

第一次去陈家桅杆，是在八年前，骑单车去的，四十公里。一路上**春风拂面，花开正盛**，我们的骑行也是缓缓的。中午时分，终到了陈家桅杆，还没找到大门，就被一道木栅挡在了外面——"维修期间，禁止入内"。若是寻常的宅院，我们也就依了规定，打道回府了，毕竟我们此行的目的是为骑游，而非观览。可透过门缝望去，**满眼的雕华**。

我们入的木栅位于陈氏桅杆的西南角，迎面一照壁，青砖雕檐，墨书"莫以岁云暮，当极观太无，早回头，勿忘旧路，遥天远，乐还本始初"。好一个淡泊名利、风轻云淡的心境。再入内，大照壁、石牌坊、阁楼厅堂，无不尽施雕凿之能事。高脊、飞檐、楣枋、柱额、墙基，凡精细处，无不施以瑞兽祥云、山石亭阁等世间景致，各式纹样层层叠加，雕镂工丽。其刻工之精，构图之巧，令人叹为观止。院中再套一庭，水榭楼廊曲折回环，垒石疏池。池中置一山石，高约两米，上构宫观庙宇、亭台楼榭等小筑。护院的老人说，这座假山仿的正是四十里开外的青城山。

出了满饰雕华的西院花厅，庭院顿显疏朗敞阔，依中轴分列大门、前厅、正厅、正堂数进，厅堂重重，屋宇连檐。这是陈氏家族起居会客的正院，因多为木构，又废为仓库学校多年，损毁比较严重，需维修的厅房也多集中在这一部分。东院乃整个庄园最小的院落，前置"翠柏山房"，乃主人的书斋。再后有"忠孝祠"，内设鱼池石桥，桥上浮雕人物至今完好无损。祠内正壁悬主人画像及石刻宗谱，设供桌香案，以祀先祖。游至最后，我们才从大门走出，见了那对高达十数米的斗座大桅杆。

位于陈氏桅杆西南角的大照壁

雕镂工丽的石牌楼

门扇木雕，其刻工之精，令人叹为观止

陈家桅杆的始造者名叫陈宗典，重庆璧山人氏，清咸丰朝的翰林，大学士。陈翰林的儿子陈登俊虽长年受翰墨书香的熏染，但更喜弓马骑射，考中武举，效命于朝廷。后父子二人因救驾有功，深受皇帝恩宠。本应是飞黄腾达，世受皇恩，但陈氏父子却选择了卸官还乡，荣归故里。后几经迁徙，终落脚温江寿安乡，于清同治年间用时八年造了这片园子，隐匿于乡里。陈家桅杆原占地约十余亩，四周环有溪水沟渠，自为一岛，内筑大小庭院二十四座。同治皇帝念及陈氏父子的功绩，御赐双斗桅杆立于陈家大门前，以旌表其功德。翰林公不求功名，不图利禄，寄情于乡野山水，返朴归真，终日诗书琴瑟。据说陈翰林后来上了青城山，出家当了道士。

时间到了民国，四川境内军阀混战，翰林公的后人陈利石见时局动荡，便买进大批枪械，组织团练，忙时耕种，闲时演兵，但凡有乱兵袭扰，群起而攻，以保一方平安。因此在那样一个乱世，由于陈家的势力及影响，苛捐杂税、募兵抓丁等现象几乎到不了寿安的地面，村村富足清明。解放军入城后，陈利石以大局为重，投诚受编，解散了团练。但让陈家人始料未及的是轰轰烈烈的土改运动随之而来。不久，陈利石再度集结当地袍哥民众发动叛乱。叛乱自是很快被镇压下去，陈家桅杆的最后一代主人陈利石也死于乱枪之中。

陈家桅杆自无大邑刘氏庄园幸运，刘文彩捞了个四川恶霸地主的典型，作为反面教材，他的庄园也一并被保存了下来。就跟广州番禺学宫未遭破坏，全得益于农民运动讲习所这块金字招牌。陈氏后人没有被树立为阶级斗争的典型，他们的陈家桅杆也自不会得到任何名义上的维护。洗劫一空后，先后作为棉麻仓库、军政学校、粮食仓库。文革期间，陈翰林的家乡人、重庆璧山的红卫兵们居然不远千里，开着大卡车追至温江寿安乡，将陈氏庄园内的大量楹联、字画、雕刻一一破除。

陈氏桅杆的大门

石牌楼

大门石牌楼

陈氏桅杆的大门

庄园东院书斋、翠柏山房

西院花园中的"青城全景"

残留的戏文故事浮雕

残留的戏文故事浮雕

工巧之技无处不在

钟家碉楼·东山，最后的客家碉楼

地址：成华区成华大道东华村，成都理工大学后　　现状：蔡银华老人居住在此

驱车行至城东北郊外的一片小村舍时，迷失了方向，遂停车，问路。路旁玩耍的小姑娘熟悉村里的地形，很快将我们带出了如迷阵般的小巷。待她再回过头去与同伴嬉闹时，才发现她们之间的对话却是另一个完全不同于四川当地方言的语系，广东话。我们这才意识到，眼下已身处客家人的聚居区了。岁月飞逝，三百多年的光阴，城里的人们大都不记得自己的祖辈来自何地，是湖北、湖南，还是福建、贵州、江西？倒是居住在外东大片村镇乡场的客家人，还始终记得三百年前的那场大移民，记得祖上代代传承下来的方言习俗。

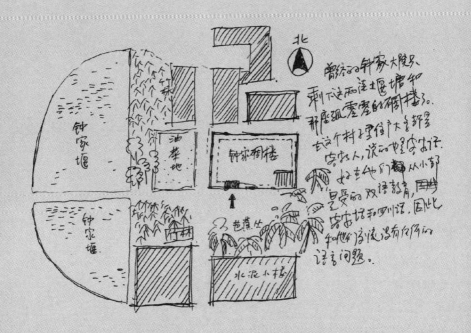

田堰竹影，菜畦蕉林，
绿荫深处还飞出一座翼角高翘的高阁来。
以为是供奉文昌关帝，
某位神仙菩萨的华美高阁，
想到在当地客家人眼里，
是座看家护院的大碉楼。

273

明末清初的战乱，是四川最不堪回首的一段往事。曾"水旱从人，不知饥馑"的天府之国竟然沦落到城廓荒芜、人丁稀若晨星、"有可耕之田，而无耕田之民"的地步。为了恢复四川天府的美名，朝廷以种种优厚政策鼓励外省移民入川垦荒复耕。自清康熙七年（1668年）起，湖北、湖南、广东等十余省的百万移民相继入川。移民们自为村落，以耕垦为业。康熙末时，"四荒田已尽开垦"、"人民廛市殊倍于昔"。雍正七年（1729年），四川耕地面积已超过明万历时的2.4倍，川粮大举出川。在迁徙而来的大批移民中有支来自粤东北山区的客家人，他们千里迢迢来到四川，在成都东郊的丘陵地上扎下根来，聚族而居，史称"东山客家"。若翻开成都地图，我们可在这座城市的东北郊划出一条分界线，天回镇、青龙场、圣灯乡、龙潭寺、保和场、高店子、线东北即是与我们语言习俗都大不相同的东山客家聚居区。若再早些时日，出了城东牛市口，就已算是入了客家的地盘。对于身边这些来自岭南的客家移民，我们知之甚少。在外人面前，他们操着一口地道的四川话，无甚分别。但在客家人之间，他们始终恪守着"宁卖祖宗田，不忘祖宗言"的祖训。

他们勤劳俭朴，重礼教，喜唱客家歌谣。他们传统守旧，墨守成规。他们不忘乡音乡情，团结互助，一人有难，八方支援。他们拥有庞大的哥老会组织及家族势力，家家备有枪械武器，时常为了宗族的面子或纷争小事与外乡人大打出手。当地氏族为了自保，常在村落四周广筑碉楼，一为防御土匪强人，二为抵挡乡人间的相互械斗。据说过去仅在龙潭乡，就筑有护村碉楼十余座，龙潭立交旁的"双碉堡"就因两座相连的碉楼而得名。

钟氏系东山客家的一个大姓，多聚在龙潭寺一带，至今还保留有"钟家老房子"这一地名。东华村是钟氏客家人聚居的小村落。和所有半城半郊的村舍一样，东华村也早已完成了新农村的改造，原来的竹篱瓦舍、"二堂八厅，四横五井"的大宅院几经改头换面，都成了一栋栋水泥抹就的小楼，密密匝匝的，让人透不过气来。然而多走几步，则是另一番景致。月堰竹影，菜畦蕉林，绿荫深处还飞出一座高碉来。阁高三级，约十米，每层挑有瓦檐，翼角高翘，飞檐上还塑有精美的脊饰。本以为是供奉文昌、关公，或某位神仙菩萨的华美高阁，没想到在当地客家人眼里，却是座看家护院的大碉楼，而且还是整个成都最后的一座。

钟家碉楼筑于两百多年前，由黄泥拌稻草夯筑而成，壁厚约四五十厘米，至今还十分坚固。碉楼的四面壁上皆开有一大两小三个窗孔，大的是瞭望口，以观察敌情，小的为射击孔，仅能伸出一根细细的枪管。上世纪五十年代，蔡银华老人搬进了碉楼居住。这一住就是五十多年，三个儿子先后都成了家，立了业，住进了敞亮的水泥房子，而老人或是割舍不下几十年的情结，也或是习惯了老碉楼的冬暖夏凉，始终不肯离开。

龙泉洛带古镇

龙泉洛带古镇

钟家碉楼

碉楼人口

在碉楼中住了五十
多年的蔡银华老人

窄而陡的木梯

碉楼内景

用以通风观察的瞭望孔

碉楼内景

柏合场·梨花、草帽、客家大瓦房

地址：龙泉驿区柏合镇　现状：存老街古镇，钟家大瓦房

成都四郊的地名生的颇有人烟气，清一色的姓氏宅院，如谢家院子、李家院子、林家院子、周家老房子、严家老房子等，如众星捧月般地簇拥着成都府。清初的成都，萧条至极，一省之会竟然是"四方流氓艺业贸易，凑成省会"。直到雍正七年，荒田尽垦，米粮充盈，四郊赋闲的农人才逐渐涌入城中，或工或商，渐而再度兴繁了这座城市，甚至"殊倍于昔"。如今这些分散至城郊若星宿般的姓氏大族，虽仍留有"院子"、"老房子"等作为地名，但多已不再是旧时的风物。然成都东南的柏合场，尚有一株古树、一条磨盘老街，以及一片距今已两百余年历史的客家大瓦房。

柏合场虽说是清乾隆四十二年（1777年）建的乡场，但古已有之，早在唐宋时就是成都通往简州官路驿道上的一个重要场镇，商贾络绎，车马不绝。场中有延寿古寺，寺外林木森然，常有白鹤翔集，故取名"白鹤"。后寺中植下的两株柏树生为连理，便又更名为"柏合"。柏合场口的黄桷树已有两百余岁，叶茂蔽天，几乎盖住了整个场口。场内老街呈环状，形如磨盘。铺房依街而立，鳞次接连，皆为青砖乌瓦的两层老式木构商铺。一楼开的多是日杂、副食、农资、鞋袜、烧酒、裁缝等与场上居户生活息息相关的买卖。二楼挑有檐廊，置勾栏格扇，也有略带有西洋制式的拱门券窗。据当地住户介绍，二楼的好些窗户檐廊多是摆设，里面并没有房间，没有什么实际用途。这倒与我们在广州城郊聚龙村所见屋舍极为相似，貌似一楼一底的小楼，入内却是贯通的，唯有靠壁的回廊可通至露台。

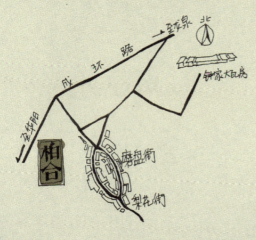

柏合磨盘街北口

临街老铺房

烧酒坊

裁缝铺

裁缝铺

杂货店

大多老铺房已停了买卖

家中有客，
铺前老街便作起了餐厅

柏合磨盘街南口

柏合虽不居要津显地，但却有三宝远近闻名。一是"柏合豆腐皮"，蚕豆豆浆制成，皮薄如纸，丝细如针，再以辣椒、豆瓣、豆豉、酱油、花椒、香葱、蒜泥等佐料调制，其味麻辣鲜香无比。好些成都食客专门驱车十余公里赶来，就为一品这柏合的烧豆腐皮丝，以及火爆鳝鱼、红烧鸭血等美味。二是"万亩梨园"，每至初春三月，满林的梨花竞相吐蕊斗妍，似雪如烟。三是"柏合草编"。要说编草帽草鞋，应算是四乡农人户户擅长的手艺，但柏合人却将这简单的编织手艺演化为独门技艺，成为柏合一绝。数百年来，柏合的街头巷尾、堂前屋后，时时处处都能看见三五个边编草辫边聊闲天的乡人。七十多年前的那天，应是四川历史最为悲壮的一天。十万铁血男儿誓师出川，抗击倭寇。他们的装备中有两件就出自柏合，一是草帽，二是草鞋。

柏合场东去再约一公里，即"钟家大瓦房"，一片阔约两千多平方米的客家大屋群。钟氏系东山客家中的大姓，早年从广东长乐迁徙入川，聚居东山。柏合的钟家大瓦房据说始筑于清雍正年间，乃钟氏先祖荣昌公经商发迹后出资修建。荣昌公多子嗣，育有六子，六子后来在祖屋左右分筑六房大屋，聚族而居，继而形成了拥有七道大门、二十二重天井、大小房屋百余间的钟氏大屋群。人丁最盛时，据说多达三百余人，是柏合乃至整个东山客家的名门望族。

钟氏大屋以"琴墨堂"为中心，各房向两翼散开，厅堂天井间有夹弄相贯，院院相通。琴墨堂是供奉钟氏先祖牌位的祖堂，也是族人祭祀议事的正厅。"琴墨"二字所指即是钟氏家族引以为傲的钟氏先贤，一是春秋楚国钟子期，二是与王羲之并称为"钟王"的曹魏书法大家钟繇。

钟家大瓦房

钟家的后人大多搬出了老屋，另筑新居

喧闹之后

曾拥有六房大屋、二十二重天井的钟氏大屋群

钟家大瓦房　　281

红光镇·毛主席来到咱农庄

地址：成都郫县东南红光镇　现状：存红光门、主席像、人民会堂、纪念馆及老街等

　　出了成都奔西北，也就是在蜀地百姓前往望丛祠拜谒古蜀先帝的古道上，有一名叫"红光"的场镇。场镇旧名"合兴"，乃西去郫县祭祀杜宇、鳖灵二帝，去灌县敬拜李冰父子的通衢要津，自古以来商贸往来繁盛，至今镇上还保留有长达百余米的老街肆，清一色的穿斗木构老铺房，檐下花饰雕镂精美，有鲤鱼，有莲子，有蜡梅……四十多年前，一首"麦苗儿青来菜花儿黄，毛主席来到了咱们农庄"的歌曲唱响了大江南北，而歌中的农庄正是这座红光镇。红光镇，一个尤为特别的场镇，因为它至今依然沉浸在那个早已逝去的时代。

3月16日，本是初春后的一个平常日子，但对于红光人来说，这一天恰是红光历史上最为重要的一天，他们的记忆永远地停留在了那一天的傍晚时分。1958年3月16日下午6时，一行黑色的轿车缓缓驶进红光公社的村口，在当地各级领导班子的陪同下，毛主席缓步走下车来，走进早春的川西坝子。社员温幺娘家是主席走访的唯一一家农户。温幺娘六十多岁，患有火眼病，跟主席摆了半天龙门阵，都还不知道对方是谁。直到主席离开后，才听媳妇说是毛主席来了。主席生性风趣诙谐，好开玩笑。在油菜地旁，老人家摸着齐腰深的油菜，将手伸到胸前，问道："能不能长这么高？"没等社长回答，

又接连将手伸到颈部，再至头顶，接连问道，"能不能长这么高？"社员干部们虽未当场作答，但在主席走后，社里连夜召开了增产翻番的会议。第二年，红光公社终于培育出一株可和老人家比肩的巨型油菜来，并将油菜连同喜报派专人送到首都北京，喜报信中写道："自您老人家三月十六日下午来我们红光社后，就给我们带来了莫大的鼓舞和幸福。特别是您老人家在油菜田里用手比一人多高问我们'能不能长这么高？'……您这一比，好像是一把钥匙把我们的心窍打开了。看！主席，您这一比给我们生产上起了多大的作用，给予我们多大的鼓舞……全社粮食产量比去年增加了三倍左右……还出现了三块万斤以上的亩产卫星……"

如今再去红光镇，依然可以沿着当年老人家的足迹缓缓走过，虽少了往日的麦苗儿青来菜花儿黄，没了竹丛瓦舍，但一路的新旧风物却浓缩了这六十年的岁月沧桑。"红光门"是镇上的地标性建筑，也是当年主席下车的地方。大门四柱三楹，大红的柱头，门楣中塑麦穗五角星，左右各三面红旗，以及金色的向日葵，那个时代的标准图式。红光门后的主席像是成都目前仅存的几尊主席全身像之一，只是塑像稍小，基座大，比例略显不协调。红光镇作为毛主席到过的乡镇，又是大跃进时期四川第一个粮食亩产卫星县，能容千人的人民会堂也自是那个年代温江地区的重点工程，是那个时代的精神中枢。红光广场的尽头立有一面水泥浇筑的红旗，上镌三字"红光路"。这正是当年主席视察时所走的机耕道，依旧还是土埂、麦田、菜地、沟渠。主席当年跨过的石板小桥，经过修缮，成了雕镂工丽的石拱桥，取名"幸福桥"。桥前不远处就是当年主席走访的温幺娘家，本是片竹林簇拥下的乌瓦房，后为纪念毛主席视察红光十周年，公社将温幺娘家改造为"毛主席视察红光社纪念馆"，内筑"幸福亭"。幸福亭为八角攒尖顶，古法营造，虽说是上世纪六十年代的产物，但其工艺法度并不逊于民国，甚至明清。纪念馆为典型的文革风，尤其馆内至今还存有一幅当年绘制的大型壁画《毛主席来到咱农庄》。壁画高约一米，长约三米，蓝天白云，青苗黄花，喜悦的群众簇拥着领袖，指引着人民前进的方向。

纪念馆建成后，城里四乡乃至外省的工人学生群众纷纷前来参观学习，每天观者络绎不绝。上世纪七十年代末，辉煌的年代已经过去，纪念馆再没了参观学习的群众，逐渐废弃下来。公社利用空闲的馆舍办食品厂，办拉线厂，但都因经营不善而先后倒闭。如今红光路、幸福桥、纪念馆连同周边大片曾产出巨型油菜的卫星田都已划给高新技术产业开发区修建工厂。主席当年走过的这片农庄，将再也不属于光荣的红光镇。

红光镇老街

街上仍保存着的穿斗木构老铺房

老理发店

老理发店

幸福桥

曾风光一时的人民会堂

毛主席纪念馆内的幸福亭

红光路

285

西学，东渐

　　这是一个神秘的世界，也是尘嚣中少有的几片净土。它们的存在，为这座城市又多添了些许的圣洁。三百多年前，西方传教士们不惜远渡重洋，早早地来到我们的这座内陆小城，布道传教。经过多年的经营，他们在这片土地上留下了一座座神秘而又精美的古老建筑。较之上海、武汉、广州、天津、青岛等江海重镇，成都的洋楼相对功能单纯，没有那些货通全球的洋行、大班的住宅、水兵的军营、巡捕的班房，唯有礼拜堂、医院和学校。大道旁也少见那种峻拔高耸的哥特式尖顶，仅有的几栋教堂立于僻街陋巷不说，且多和当地的瓦舍民房融为了一体。

平安桥总堂·悚, 中国式署廨衙门

地址：天府广场西北隅西华门街25号　　现状：天主教成都教区所在地

西华门街虽位于天府广场西侧，闹市的中心，但非交通要道，也非商业街肆，因此不是街中的住户，少有对此熟识的。或许正是这个原因，位于街中的平安桥天主堂，这片成都地区规模最大的礼拜堂多年来少为人知。倒是广场东侧的基督堂广为成都市民所熟悉，年年圣诞，围满了看客。平安桥天主堂是组很有意思的建筑，从高空俯瞰，它是一个字，一个让人惊悚、悚惧、毛骨悚然的"悚"字。修造这片建筑的法国神父在建房子时，确实感到了害怕。

西来的神父们传播洋教颇费周折，硬来自是不妥，毕竟传的是福音，宣扬的是大爱。于是想尽各种办法融入到当地民众中去，学习中文，收养弃婴，创办识字班女子学校，设立诊所医院，甚至连布道的场所也尽量建得接近当地的审美和习惯。但即使这样，也难免会招来各种非议和排斥，稍有不慎，即引发大规模的冲突。清朝末年，各地教案频频发生，教民教士被殴打，礼拜堂被捣毁焚烧，仅这一时期，四川全省被毁教堂多达七十余座。天主教成都主教区所在地"平安桥天主堂"也于清光绪二十一年（1895年）毁于"成都教案"。民众的疯狂行为最终还是由官府来买单，巨额的善后赔款几乎让各地的礼拜堂都换了一茬。

平安桥天主堂平面布局图，整体设计为汉字的"悚"字，其中"忄"为主教堂，"束"为主教公署。

平安桥天主堂主教公署大门

主教公署内庭

主教公署内的建筑

中式梁架与西洋尖窗的结合

满饰雕华的花台

主教公署内的建筑

满饰雕华的花台

平安桥天主堂主教堂　291

平安桥天主堂被毁后，法籍神父骆书雅利用赔款重筑了新堂。新堂的修建耗费了近十年时间，直到光绪三十年（1904年）才最终建成。天主堂由大经堂、小经堂、主教公署等建筑组成，占地万余平米，正名"圣母无染原罪堂"，因地处平安桥，故俗称"平安桥总堂"。骆神父在建教堂时，别出心裁地将建筑平面设计成"悚"字，其中"忄"为主教堂，"束"为主教公署，这种布局，莫说在成都，放眼全国，都实为少见。主教堂是典型的西方古典主义风格，科林斯通柱，拱券花窗，堂内高约九米，穹隆顶，正中是主祭坛，左、右分为圣母玛利亚和约瑟的祭坛，可同时容纳五百信徒在此礼拜。教会还于平安桥街西建有"圣修慈善医院"，后改为铁路医院，再以后成了市政府的第三办公区。

主教公署则显得有些另类，说另类其实是针对西式教堂而言。举国上下，大小教堂无数，无不是尖顶券窗、通柱回廊的古典式、哥特式、文艺复兴式的建筑，即便是想与当地百姓拉拢关系的教会，其建筑风格也是半拱券半飞檐的中西合璧样式，这平安桥总堂倒好，平面搞成中文"悚"字不说，还将主教公署做成一个中国式的署府衙门。乌瓦高脊、青砖照壁、三券大门、二门、天井、连廊、敞廊、正厅、内庭，檐下廊柱全为取自天全、邛崃等地的优质楠木，共计108根。内庭中所置花坛满饰雕华，清一色的中国民间传统吉祥图案。除了大门柱头上的卷草舒花，略带哥特式风格的尖窗，公署内再无多少样式来自西洋异域。

自从第一次见着平安桥天主堂后，又先后去了数次，不为忏悔，不为祈祷，就为在这纷乱的城市间能见着一方尚留有百年余味的净土。但没过多久，我们就隐约嗅到了那种熟悉的味道，是那种弥漫在整座城市，乃至整个中国上空的味道，水泥石灰混着涂料油漆。从此我们再没有去过平安桥，不为别的，能尽量留住些曾经的真实记忆，或许是今世的奢侈。

张家巷堂·北门外的法国教区

地址：金牛区解放北路二段张家巷39号　　现状：张家巷天主堂

　　出了北门大桥，有条通衢大道直通梁家巷，再下去就是驷马桥、天回镇、新都城，北上陕西。通衢大道虽说是成都北门外的主要通道，可名字却不大气，甚至还有点小土气，"簸箕街"。关于簸箕街的由来猜测各异，有说是街上原有很多卖簸箕、撮箕、背篼等日杂竹器的商铺；也有说是因道路坑洼，颠簸得厉害。听上去似乎都有几分道理，但却与史籍中所载相去甚远。其实老街的得名源自街中的一方巨石。相传当年唐玄宗避难成都时，曾祈求神灵护佑，土地公公因泄露了天机，被罚看守昭觉寺的大门。土地不从，在与众神争执拉扯中，不慎落下一只石盘化作巨石。这个沾了神仙和天子气的大石头，取什么美名不好，什么瑞石、玉珠、飞来石……成都人却生性诙谐，直接将家中最常用的簸箕给石头命了名。

清朝光绪年间，法国人来到成都北门外的簸箕街上，购得大片荒地，修建法国领事馆，并同时建了相配套的天主堂、教会学校和医院。学校和医院都是免费的，施医赠药，分文不取，每天前来看病的民众络绎不绝。一些贫民干脆就在天主堂前的街巷旁搭建茅屋窝棚，久而久之，还成了北门外的一片聚居地。小巷名叫"张家巷"，这并非巷中住有姓张的大户人家，实因过去小巷泥泞不堪，垃圾成堆，人们遂取了"脏"的谐音为小巷命名。张家巷西起簸箕街，东至绳溪河，溪上有元善桥横跨两岸，对岸则是广袤的田地。如今岁月荏苒，昔日的溪水田畴早已平为马路，筑起了高楼。

　　法国人在成都设立的领事馆由于种种原因，先后数次搬迁，张家巷到上翔街，上翔街至银丝街，抗战结束后又回迁张家巷，直到1951年，法国领事馆驻成都办事处终止了活动，馆舍归了西南建设管理局，改作了办公楼和宿舍；教会医院学校充作机关幼儿园和子弟学校；天主堂则成了建设干部们的培训基地，后沦为大杂院。不久，省建设厅办公大楼在簸箕街广福寺旧基上建成。建设大楼是当时最为流行的苏式风格，主楼五层，两翼四层，青瓦红墙，满壁的麦穗、齿轮、红旗浮雕，成为北门一标志性建筑。此后，省市建筑工程公司、西南三院、职工医院、幼儿园、子弟学校、招待所、俱乐部、工人小区等诸多建设单位齐聚北门外，成了四川建筑业的大本营。直至今日，这栋五十年代的苏式建筑仍作为四川华西集团的总部立于解放北路（簸箕街后为纪念解放军从北门入城更名为"解放北路"）上。

　　在张家巷，我们没有找到昔日的教会医院和学校，倒在一座院落里找到了曾经的天主教堂。张家巷天主堂是旧时成都天主教五堂（另四堂分别为平安桥天主堂、光大巷天主堂、桂王桥天主堂、青莲街天主堂）之一。去时，天主堂刚被粉饰一新，没了老堂的韵致，散发出一股令人窒息的脂粉气。草草看过，入了礼拜堂的后院。一墙之隔的后院完全是另一个世界，典型的穿斗式建筑，粉白墙小青瓦，宽敞的檐廊，"卍"字纹的精巧窗花，两端还立有高耸的封火山墙。孩子们是这里的小主人，他们欢快地游戏，尽情地嬉笑，古老的庭院和五彩的玩具时时陪伴着他们。

现为幼儿园的天主堂后院

天主堂后院，典型的穿斗式建筑，粉白墙小青瓦，宽敞的檐廊

檐廊雕花，丝毫不见西洋的制式

苏式风格的省建设厅办公大楼

白家塘堂 · 最后的圣堂，最后的老牧师

地址：青羊区白家塘街　　现状：存礼拜堂、牧师寓所等，今已化为废墟

我们从故纸堆中知道了白家塘，也知道了街西口的白家塘基督堂。白家塘位于文殊院南、武担山东，周边的街名来头都还不小，什么正府街、署前街、厅署街、学署街、文庙街、文圣街、武圣街、红石柱街等，就连老街过去也被称作"文庙后街"。成都府、成都县、华阳县三大衙门，成都县学署、成都县文庙……府县两级的衙门署廨多集中在了这里。

街上走了好几个来回，各家小店所做的买卖摸得很是清楚，却未能搜出半点老屋的痕迹，更别说高峻的洋教堂了。估计早拆了吧，毕竟二三十年前记载的物件，能存至今世的或许真能称得上是奇迹。还是问问吧，随便问了几个街上的商家，要么不知道，要么共同将手指向一栋红砖水泥砌成的旧楼。红楼高两层，上世纪七八十年代的产物，过了三十多年，它们也寿终正寝，准备让位给新的楼宇。我们犯着疑惑进入红砖楼，长长的廊道，一间间大小相同的办公室，只是人去楼空，满地的弃物。上到二楼，曾经的简易隔断拆除了大半，露出最初的本色。泛黄的墙壁、券门上残留的卷草纹式、嘎嘎作响的柏木地板、哥特式尖拱长窗、青砖垒砌的外墙。红楼裹着的确是白家塘教堂，只是里外重重包裹分隔，外人难以一睹其真容。

起了闲龙门阵。

礼拜堂后的房屋多夷为了瓦砾，唯在废墟中留下一栋两层小楼和一排简陋的平屋。小楼四方端正，青砖乌瓦，除了一层的三通券门以及竹节般造型的下水管外，再无过多修饰，简洁朴素。楼后的平屋里住着几家住户，其中一家姓湛。在院子里，我们和湛先生聊

"马上就要全拆了！"

"从白家塘街到后面那堵围墙，过去都属于教会的产业，现在分割得乱七八糟，什么单位的都有。"

"这个教堂原来属于基督教复临安息日会，该会是清末传入成都的，刚来时在文殊院西边的头福街布道，后来又搬到灶君庙街，直到1932年才在这里建成礼拜堂。后来政府停止传教活动，关闭教堂，改成了仪器厂的办公楼。"

"我父亲就是这复临安息日会的会长，叫湛铁侬，现在都已九十多岁了，除了教会的教友，他几乎不怎么与外人来往。"

说话间，一位老者掀开了门帘，见有外人，随即又转身回了屋。就那转瞬的一眼，我们从此再没能忘记，尤其是那撇微微翘起的胡须，那双坚毅矍铄的眼睛。那是一张信仰深入筋骨发肤而生成的面庞，时下的贪婪、欲望、冷漠、跋扈、猥琐，没有一丝一毫入了这张圣洁的面庞。

礼拜堂

礼拜堂

白家塘子

仁济医院·四川西医院之肇始

地址：锦江区四圣祠北街　　现状：存福音堂、原仁济医院旧楼若干

百余年前的端午节，很是热闹，门上挂菖蒲蒿草，水里龙舟竞渡，家家户户包粽子喝雄黄酒。除此以外，成都还有一项民间竞戏撒李子。撒李子是青年男女站在城墙上，向城下抛撒李子，抢到的便是意中人。那些有了夫家的妇女争抢也很卖力，说是抢到李子的人定能生个大胖儿子。因此每次撒李子，城墙上下都聚满了人，抢作一团，尤其是那些还未给婆家添上一丁半男的妇女，真跟抢自家儿子一样。但这一民间习俗，却因一个突发事件而严遭禁止，从此成都东较场城垣下再没了万人攒动、哄抢争食的场面了。

原仁济医院老楼

撒李子引发成都教案

那是发生在清光绪二十一年（1895年）端午节撒李子活动结束之后。闹腾了一天的东较场渐渐恢复了平静，看热闹的人们各自四散回家，哪知道人群在途经四圣祠北街的洋教士住宅时，正见两个洋人带着一孩子回家。在这之前一直都有洋人拐骗中国孩子，并将他们的眼睛挖出来做药的传言。出于好奇，许多人都围拢在教士家门前，想看个究竟，并与教士发生了争执，人是越聚越多。为了驱散人群，两个洋人拔出枪来朝天连开两枪，但这枪声非但没起到任何威慑作用，反而激怒了围观的民众，一阵石头棍棒乱打乱砸，洋教士们刚建成才一年的住宅、诊所、礼拜堂等悉数被捣毁。在暴力中找到快感的民众此时已一发不可收拾，纷纷涌向陕西街、玉沙街、古佛庵、平安桥、张家巷等洋教士布道的场所，驱散教士，砸毁馆舍，这就是曾震惊中外的"成都教案"。这一事件迅速蔓延全省，十余州县的礼拜堂、西医诊所纷纷被毁。事后，官府自知理亏，只好拿出大把银钱化解了此事。从此以后，四川总督一听见"撒李子"三字就深感后怕，最终还是禁了"撒李子"这一习俗。

成都教案发生后的第二年，
启尔德博士在原诊所废墟上重筑仁济医院，
设病床25张，专收男性患者。
同年，其新婚妻子启希贤博士也在附近
开办了四川第一间女子医院
——仁济女院。

303

对于发生在百年前的若干教案事件，半个多世纪以来，史学家们仍还习惯以疾恶如仇的劳苦大众、飞扬跋扈的传教士、慑于淫威的官吏士绅等来脸谱化旧时的事件，然后统统得出一个标准答案：洋人无理，民众无畏，官府无能。对于发生在其他地方的教案我们不便多说，但引发成都教案的传教士启尔德，他却是四川首家西医院的创始人，华西医大的创始人，四川红十字会的创始人，一位不折不扣的四川现代医学先驱。百年来，亿万川人广受其恩惠。

启尔德夫妇首开四川男女西医院

清光绪十八年（1892年），美籍传教士赫斐秋、加拿大传教士何忠义夫妇、司蒂文森夫妇、启尔德夫妇等一行九人，受加拿大卫斯理会差遣抵达成都，在棉花街上开堂布道，传播上帝的福音。其中启尔德是以医学博士的身份来协助传教工作，没想到刚至成都，随行的妻子就因霍乱去世。爱妻逝后，启尔德与司蒂文森在四圣祠街租下几间民房，创办了四川历史上第一间诊所仁济医院，开四川西医院之先河。1894年，教会在四圣祠购得一片菜地，兴建福音堂、教会医院学校等设施。成都教案发生那天，民众围的

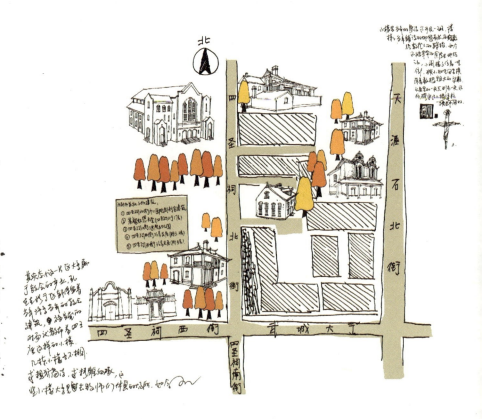

原仁济医院办公楼

原仁济医院办公楼

宿舍区内的两层小楼

原仁济医院内的西洋小楼

楼内残留的顶棚花饰

当年楼道上铺设的地毯竟还残留着

原仁济医院制剂室，后更为二医院幼儿园

即在冬日，老楼上仍覆满了藤萝

庭中老藤，足有百年

正是这启尔德与司蒂文森的住宅，鸣枪示警的也是他俩。诊所被毁后，启尔德于次年在原址上重筑了仁济男医院，设病床25张，专收男性患者。 九年后再又扩建为四层大楼，设病床120张，其中分大病房、专门病房、特等病房， 以及专为贫民提供免费医疗的慈善病房。1913年，更名"四川红十字会福音医院"，1928年复名"仁济医院"。

就在传教士们创建西医诊所福音堂的同时，启希贤博士也受女布道会邀请，来到成都，创建四川女会。1894年与丧妻的启尔德博士结为伉俪。1896，启希贤在四圣祠附近的新巷子开办了四川第一间女子医院，专为妇女提供救助服务。1912年，女院迁往惜字宫南街（今庆云街与武成大街交会处，已不存），设病床52张，定名为"仁济女医院"。台湾女作家琼瑶正是出生在这家医院。

沧桑百年教会区

四圣祠街因有供奉曾参、颜回、子路、子由等孔子四门徒的祠堂而得名。街上虽没了古祠的痕迹，但旧时的宅院洋楼礼拜堂等仍可见，是目前成都存有旧迹最多的一条街道。高耸的恩光堂即是老街上的标志性建筑。恩光堂旧称福音堂，始建于1894年，一年后毁于成都教案，复建后又遇义和团起事，再毁重建。1920年，海外布道会集得巨资重筑福音堂。新堂以青砖砌筑，木架作券，铁皮覆顶，占地千余平方米，成为可容千人同时礼拜的大教堂，时称"第一堂"。

恩光堂对面，四圣祠北街东侧的大片区域即是过去的仁济男院。建国后，男院改作市第二人民医院，并在街西进行大规模的扩建，增筑门诊、住院等大楼。从此，仁济老院渐被废弃，改作职工宿舍、幼儿园，或是一些科室的办公地，继而被添建的宿舍楼单元楼分隔得七零八落。如今区内尚存有六七栋老楼，虽分处于不同的院落，但寻找起来也较为方便，只要远远望见有高大的法国梧桐树，那下面定有一栋旧时的老楼。

原仁济医院老楼

1920年，海外布道会
集得巨资重筑福音堂。
新堂以青砖砌筑，
木架作券，铁皮覆顶，
占地千余平方米，
成为可容千人同时礼拜的大教堂，时称"第一堂"。

恩光堂以木骨架作券承重，
屋面为陡坡，
向四周展开，呈十字形，
原为铁皮顶盖，后改用石棉瓦。
墙以青砖筑砌，用砖达百万匹，故有"百万砖教堂"之说。

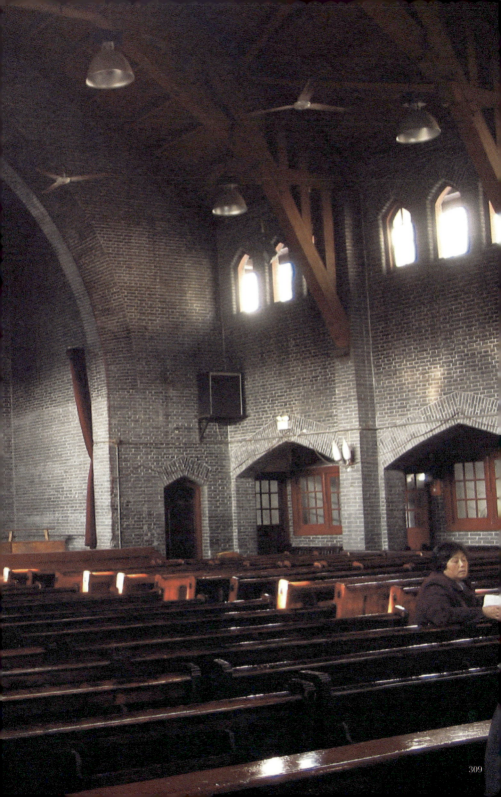

华西坝·逝去的坝上百年梦

地址：武侯区人民南路三段四川大学华西校区　　现状：存旧时建筑二十余栋

这世上有些事说来还真的很奇怪。从小到大读书搬家多少也换了六七处地方，但都是围着华西坝在转，始终出不了这个圈。小学读新村，最大的刺激就是翻墙到医大偷看解剖楼。初中大学路，这原本就是华西坝上的第一条街道。高中簧门街，华西坝西头，课余时常至荷花池对着钟楼画写生。工作后安家置业更没离开过华西坝，中学路、林荫街、人民南路，窗外的景致唯有华西坝上的那一抹绿色，以及茂林修竹所簇拥着的尖顶翼角。

梅林故地，五洋学堂

华西坝，成都南门外的一方美地。旧时农历的三月初三，相传是黄帝的诞辰，也是传说中王母娘娘开蟠桃会的日子，每到这天，人们便相携至万里桥南的锦江边，畔浴洗濯，去除病垢。这一带自古就是人们踏青游春、临水聚集宴饮的城郊胜地。前蜀的王建、后蜀的孟昶都喜城南的胜致幽景，圈地营造御苑梅园，相传园内还生有一株卧地的老梅，人称"梅龙"。城南梅林东起合江亭，西至华西坝，阔约数里，其间锦江环绕、可渔可船。大诗人陆游常至城南寻梅赏花，时时"折得梅花作伴归"。入明后，蜀王将外南花海辟为别馆苑囿，植梨花数千株，那知明末遭那强人张献忠砍伐殆尽，作宫室驰道，演练军士，号为"御营坝"。此后的两百余年间，锦江南岸一片荒芜，野冢荒茔遍地，昔日梅林沁香的优胜美地竟然成了农人口中的"乱坟场"。

百多年前，各国的洋教士们带着他们的奇技淫巧来到中国，办学校，开诊所，布道传教。各地衙门也热情接纳，大大方方地将城外的烂泥潭、垃圾坝、乱坟岗子抛给洋教士。清光绪三十年（1904年），中国历史上最后一场科举考试正在河南开封举行，与此同时，美国、英国、加拿大三国的五个基督教会（浸礼会、公谊会、美以美会、英美会、圣公会）代表却在成都筹划创办一所高等教会大学，他们购得的土地正是这南门外的乱坟场。1910年，华西协和大学正式成立，成都人俗称其为"五洋学堂"，又叫"华西坝"。此后四十余年间，人们在坝上大兴土木，建筑各式楼宇屋舍七十余栋。陆续兴办华西协和中学、华西师范学校、高琦中学、华西神学院、华西新医院、护士学校、牙科医院，以及宁村、鲁村、西园、大学路、中学路、金陵路、公行道等若干住宅新村和街道，形成南起金陵路、北抵锦江、东至新南门、西达浆洗街、阔约千余亩的教会大学区（今华西医大校园不及原来的五分之一）。

华西坝，

成都南门外的一方美地，

自古就是人们踏青游春、临水聚集宴饮的城郊胜地。

五代孟昶在此营造梅园，寻梅赏花。

明代蜀王在此辟别馆苑囿，植梨花数千株，

清末民初，洋教士更是购得此方土地，

大兴土木，筑起各式楼宇屋舍七十余栋。

洋教士们为了消减与当地百姓的距离，尽量将楼馆屋舍造得符合中国人的视觉习惯。但他们的语言起居、吃穿用度，样样不同于国人。洋婆子、洋娃娃、洋装、洋灯、留声机、大草坪、踢足球、打网球、下洋操、骑自行车等，尤其是那医科的解剖课，见者心惊，闻者色变，时时都是成都人茶余饭后的谈资。直到上世纪七十年代，还有华西坝钟楼埋尸体的传闻。因此那栋乌黑高耸且伴着敲钟声的高塔始终都是我儿时的梦魇。

飞檐高阁，中西合璧

　　儿时最不喜欢的地方就是这华西坝，所有的房子高大冷峻不说，还清一色的黑砖乌瓦，每一个角落都透出一股阴森气，更有那些该死的恐怖鬼故事和准时敲响的钟声，想起就毛骨悚然。小时每次与同学结伴去医学院，目的都只有一个，比哪个胆子更大。

　　英国建筑师荣杜易把华西坝设计成这样也是因为怕了成都民众的集体破坏力，于是因地制宜，就地取材，什么青砖乌瓦、歇山大屋顶、大红柱头、斗拱飞檐、高脊神兽，四川人怎么造房子，他就依瓢画葫跟着来。但荣杜易也不傻，虽然表面上用尽了中国庙堂建筑的元素和符号，但园区规划仍取的是典型的英国宫廷园林，植的是法国的梧桐，楼宇的体量全是西式的厚重和峻拔。趴伏在屋脊檐角上的神兽看似袭的中国的传统，但多是来自大洋彼岸的精灵，个个尖牙利爪，面露凶相，却又有几分西人的憨态。外人不易见到的室内装潢，则更多采用西式的营造法则，阔厅、宽柱、拱廊、壁炉……

华西坝上的建筑，
多依了当地民众的审美习惯，
斗拱飞檐、高脊神兽。
但园区规划却仍取的是英国宫廷园林，
趴伏在屋脊檐角上的神兽看似袭的中国的传统，
但多是来自大洋彼岸的精灵。
外人不易见到的室内装潢，
则更多采用西式的营造法则，
阔厅、宽柱、拱廊、壁炉……

战火硝烟，名校云集

华西坝上的洋玩意，中西合璧的老建筑，自是值得称道的旧时风物。但作为高等学府，最引以为豪的还是学风最盛、名师云集的时期。血雨腥风的抗战八年，正是华西坝最辉煌的阶段，史称"五大学时期"。那时，金陵大学、齐鲁大学、金陵女子文理学院、燕京大学先后会集成都，与华西协和大学共居华西坝，利用华大校舍联合办学。虽说也有空袭惊扰，但对于其他各地校区，华西坝可算是一片治学的乐土。难怪史学家顾颉刚来到坝上就欢喜道："在前方枪炮的声音惊天动地，到了重庆是上天下地，来到华西坝使人欢天喜地。"五千学子、五校名师云集华西坝，时下巨儒宿学数之不尽，如陈寅恪、钱穆、梁漱溟、朱光潜、顾颉刚、张东荪、吕叔湘、冯友兰、许寿裳、蒙文通、孙伏园……国难当头，五校共处一坝，师生同学间情同父兄姊妹，互通有无，采取松散结盟的方式联合办学，校际间的师资、校舍、设备成了大家共同的资源，老师可跨校讲学，学生也可跨校选课。这一阶段是华西坝上文风最盛的时期，以至于战事结束后，各校返迁，师生们的惜别之情还真难用欣喜或是酸楚来言表。

五大名校最终还是分开了，各回了各自的故土。七年后，华西协和大学再一次迎来新的离别，人文、社科等院系学科相继被压缩肢解，归到了四川大学的名下，唯留一所医学院。四十年后，早已是蜚声中外的华西医科大学再度被川大收编，学校师生一片哗然。莫说华西师生不满，就连我们这些长期混迹于两大校园的普通市民也连连叫屈。其他不说，仅就两校周边餐饮娱乐的发达程度，足以看出两校学子的不同。收编那年，医大学生曾一度拒领川大颁发的毕业证书。

怀德堂：由美国人罗恩甫为纪念白槐氏捐建，1919年落成。宽廊朱柱，飞檐翼角，有点中国式衙门署府的派头。原为协和大学行政事务楼，今仍延续其功能。

懋德堂：与怀德堂遥遥相对，当年的校图书馆兼博物馆，现改为职工之家。懋德堂由美国人赖梦德捐建于1926年。顶上脊饰均来自西人的想象，狰狞得可爱。

雅德堂：原来的广益大学舍，英国公谊会捐建于1925年，现为大学幼儿园。这里曾是文学院所在地，五大学时期名师大儒们曾在此登台授课。

合德堂：又名赫斐院，1920年由加拿大英美会为纪念赫斐氏捐建，现为第四教学楼。赫斐院是整个华西坝建筑群中少有的一处内外皆保持旧貌的老楼，塔楼、券门、廊柱、过道、天棚、砖壁、栏杆、地板，就连教室里的桌椅也还保持着当年的模样。1945年，五校文理学院的师生就在此楼举行联合毕业典礼。

怀德堂

懋德堂

懋德堂内景

合德堂

合德堂内景

嘉德堂

嘉德堂正檐雕饰

嘉德堂：原为生物、化学、生理系，由美国嘉热尔顿兄弟捐建，建成于1924年。现为第一教学楼，也就是幼时伙伴最爱去充胆大的解剖楼。

苏道璞纪念堂：由华西、金陵、齐鲁、金陵女子等大学为纪念在华西坝遇害逝世的华西协合大学副校长、英国化学家苏道璞博士而集资兴建，1941年建成，又名化学楼，现为第二教学楼。

教育学院：1928年竣工，为英国嘉弟伯氏捐建（东头），1948年刘文辉捐建该楼西头。现为第五教学楼。

万德堂：又名万德门和明德学舍，由万德门夫妇捐建于1920年。万德堂被誉为华西坝上最美丽的建筑。一是它的门楣挑梁上满饰瑞兽，蝙蝠、狮子、鱼龙、鲤鱼、孔雀、白象、山羊、鸽子、白兔、公鸡、麒麟、神龙、天马，中西的神物都聚于一门。二是它曾作为金陵女子文理学院的主教学楼，美丽风景自不胫而走。万德堂原立于校西，后因筑人民南路的需要，于1960年整体迁移至钟楼东侧，塔楼及侧楼未能复建。现为第六教学楼。

钟楼：由美国人柯林斯捐建于1925年。楼前月池荷花，银杏修竹环绕，乃华西坝上最著名的景观。解放后，钟楼上部造型略作改动。

教授公寓：荷花池西过去曾有大片西式洋楼，后因修建楼盘拆掉大半，仅剩下校长花园和一栋老教授公寓。

大学路：华西坝上的第一条马路，横穿华西坝而过，路南为华西医大，路北为住宅区。若论成都目前保存得最好的梧桐树大街，大学路当之无愧。

中学路：原华西协和中学所在地，后演变为了街道。

小学路：成于抗战期间，路有"幼幼桥"，初有"中西人文研究学会"，后改为医学院精神科，老楼至今尚存。

金陵路：金陵大学桑蚕系所在地，故名。金大还都后，旧址改设小学，路南有乳牛实验场。

万德堂

苏道璞纪念堂

教授公寓

钟楼

小学路上的医学院精神科

大学路，华西坝上的第一条马路

医药城堡·西学东渐，医学圣地

地址：武侯区人民南路三段四川大学华西校区　　现状：保存较为完好

　　上世纪五十年代，一条南北通衢将华西坝一剖为二，分成了东西两个区。由于高中三年都是从校西路穿过，对西区的建筑还多少有些印象，其中有三处记忆最为深刻。一是西区校门右侧的三层木构老楼，纯中式阁楼。在满是中西合璧建筑的华西坝，它算是另类。但废弃多年，布满了尘土蛛网，很不错的恐怖片实景地。但没想到自己居然还被补习老师安排到楼内上了一个多月的文化课，尖叫声也此起彼伏地持续了一个多月。楼是破败了点，但很漂亮，只可惜后来还是被推掉了。二是八角楼，攒尖顶那种，虽不在大路边，但那高翘的飞檐只需在水泥方块间露出一个小角，就能证明它的存在。三是城堡，很高大，一出高中校门，远远就能望见，除了没有垛堞，活脱脱一城门楼子。后来才知道，这八角楼、城门楼，连同路边的医大第八教学楼，昔日都是蜚声海内外的中国西部医学中心、华西协和大学的医学院和大学医院，因气势恢弘，俗称"医药城堡"。

占地八十余亩的医药城堡建筑群

因战争爆发，
集教学研究与临床于一身的
华西协和大学医院，
直到1946年才得以全部建成。
与医牙科楼共同形成了
一组占地八十余亩的宏伟建筑群，
人称"医药城堡"。

华西坝上的医科、牙科是出了名的，不但在全川全国，放眼全球也有她的一席之地。追根溯源都还是一位位洋人的名字。启尔德，加拿大医学博士，创办四川第一家西医院"仁济医院"，开四川西医之肇始；甘来德，美国医学博士，创办了东南亚最大的一所五官专科医院"存仁医院"；启希贤，启尔德的夫人，加拿大医学博士，开办了四川第一间女子医院"仁济女医院"；林则，加拿大医学博士，创办了亚洲的首个牙科学院。1914年，就在华西协和大学开校四年后，医科学院在启尔德博士的主持下正式创立，学制六年。仁济男院、仁济女院、存仁等三所医院均被定为医学院的教学医院。1919年，林则博士与同事一道经过数年的努力，终于创建了与医科同等规模的牙科学院，享誉中外。1929年，医、牙两科合并为华西协和大学医学院。今天华西西区的第八教学楼就是建成于1928年的"医牙科楼"，过去楼分东西两翼，东属医科，西属牙科，直到1938年才连为一体。

早在1924年，大学理事会曾提出一个"华西医学中心"的方案，即创办一所集教学、研究、临床于一身的大学医院，使之成为"中国西部的医学中心"，乃至"世界一流的健康中心"。这一计划得到社会各界的广泛支持，中央庚款、中华文化基金、洛克菲勒基金会、英国庚子赔款基金会、中国基金会、华西医科毕业同学会以及许多个人纷纷捐款。1936年，华西协和大学医院在医牙科楼旁破土动工，但因战争爆发，直到1946年才得以全部建成。大学医院拥有病床五百张，与医牙科楼共同形成了一组占地八十余亩的宏伟建筑群，人称"医药城堡"。如今医药城堡大部分建筑保存完好，但因深藏第八教学楼后，少有人至。

颐庐　地址：公行道2号，现为张琼仙后人私宅

公行道是华西坝上的一条僻静小道，过去是片绿溪萦绕、修竹婆娑的静谧去处。抗战期间，好些军政高官、社会名流、商界大亨喜坝上的幽静高雅，也为避日机的轰炸，纷纷至此购地建房。省主席张群、民国元老戴季陶、民生公司董事长、耀华公司老板等都在此置有宅邸。如今长长的公行道早已被各种单元宿舍楼宇所占据，唯留一栋终不肯搬迁的旧式小院。小院是那种旧时常见的三开间楼屋，外带一片小花园和一排充作厨房仓库下人房的平屋，民国世界后期典型的朴素淡雅风格。虽然看似朴素简陋，但能与省主席张群做邻居的也非平常人家（张群官邸位于公行道4号，后改作云南驻川办事处，今云川宾馆），仅园门匾额上的"颐庐"二字就出自国民党元老戴季陶之手。小院的主人叫张紫辉，1940年请华西坝上的加拿大建筑师设计并建造了这栋房子。张老先生有位千金，名叫张琼仙，1929年考入华西协和大学，就读牙科专业。七年后，张琼仙从学校毕业，成为中国第一位牙科女博士。

华西的牙科在亚洲属于首创，世界闻名，国内的头头脑脑们都爱专程来成都治牙。蒋委员长就经常往来于北较场和华西坝医牙科楼之间，检查口腔。建国后，朱德、贺龙、陈毅、聂荣臻、邓颖超、康克清等国家领导人也先后前来华西口腔医院看牙治牙。

医牙科楼大门

医牙科楼

医药城堡八角楼

医药城堡主楼

公行道2号上的颐庐

戴季陶手书"颐庐"匾额

青年会·非以役人，乃役于人

地址：锦江区春熙路北段　　现状：成都基督教青年会

　　春熙路是这座城市的窗口，也是消费最前沿。琳琅满目的商品和那些极具都市魅力的潮男靓女们让我们早已是眼花缭乱，常常忘记这里曾是一条有着百年历史的老商业街。除了孙中山先生铜像上的斑斑锈迹，我们似乎很难在这条街上发现旧时的点点痕迹。然而就在孙先生铜像附近，却藏有一座建于1913年的百年老建筑，"基督教青年会"。

　　基督教青年会是由英国人乔治·威廉于1844年在伦敦创立。它通过各种公益活动，来改善因竞争压力所导致一度败坏的社会风气，改变年轻人颓废消沉的精神生活，并以"非以役人，乃役于人"为会训，以培养德智体群"四育"为宗旨。成立后的青年会很快吸引了许多年轻人参加，不久即传遍欧美等国。1885年，青年会传入中国。1910年，美国人谢安道来到成都，创办成都基督教青年会，并在春熙路买下百余亩地皮，修建青年会馆，开辟足球、篮球、排球、网球等场地和一所砖木结构的体育馆（后改建为大华电影院）。每逢工余课后，城里的年轻人们便纷纷涌向这里，参加各项公益活动。青年会组织的活动可谓是五花八门，创办各种学校夜校开展平民教育；设立书法、绘画、音乐、舞蹈、戏剧、棋牌、武术、健身等各类培训班以陶冶情操，健体强身；成立各种志愿团体进行帮扶施助；组织各种讲座、欣赏会、游艺会、运动会等开展全民文体活动。总之是丰富多彩，包罗万象，在当时影响颇为广泛。然而对于这个"以德育培养品性，智育启迪才能，体育锻炼精力，群育增进社会活动，培养青年完全人格"的青年组织，我们又再次显示出了我们的与众不同，以"打着宗教旗号的帝国主义势力所控制和利用"为由将其肃清。直到上世纪八十年代，各地青年会才逐步开始恢复活动，但其影响已是大不如前，多是针对少儿或老人的书画舞蹈兴趣培训班。

　　成都基督教青年会几经拆建，昔日的运动场馆上早已是筑满了高楼，唯存一组斗拱飞檐的中式馆舍深藏于熙来攘往的闹市之中。

都基督教青年会
已经拆建，
昔日的运动场馆上早已筑满了高楼，
唯存一组斗拱飞檐的中式馆舍
深藏于熙来攘往的闹市之中。

戎马川军

对于旧时的大小军阀，今人多没给他们什么好脸，更没冠以什么好词："骄奢淫逸"、"横征暴敛"、"嗜杀成性"。再早些时日，这几个词汇，几乎就可囊括旧时所有军阀的一生。但问题却出来了，这些旧时的大小军阀几乎都先后参加过那场推翻帝制的辛亥革命，是革命队伍中的马前卒，先锋队。若他们个个都似山中的土匪强人，那我们将如何面对那场革命，以及他们所推翻的王朝。之后的抗战，四川军阀们个个请缨杀敌，率部出川，以三十万将士的血肉之躯向世人证明了川军的无畏，换取了"无川不成军"的威名。

刘公馆 · 佛刹庙堂间的川军首脑官邸

地址：青羊区西珠市街42号　　现状：为一青年旅舍

　　成都北门旧时有两多，一是寺院道观多，二是制作售卖金银饰物、珠宝玉器的商号作坊多，因此北门一带的街肆皆带有几分贵气，如西珠市街、东珠市街、珠宝市街、金丝街、银丝街、白丝街……诸多街巷中，有条街名与实际买卖相差却尤为悬殊。"珠市街"，一个看上去很璀璨的名字，但最初却是和米市、草市等齐名的另一大市集——猪市。住在周围的大户名门觉得街名不雅，太过于污秽，于是借隔壁"珠宝市街"之名，取了个谐音。

　　二十一世纪初时，一对来自新加坡和日本的恋人来到这里，看中了街口处的一栋老公馆，租下来开了间专门接待各国背包客的国际青年旅舍。老公馆高墙大院，壁饰精美，尤其是一楼一底的两层主楼，宽廊阔瓦，着实的气派，而公馆的主人更是曾叱咤一时的四川军阀首脑，人称"刘厚脸"的刘存厚。

刘存厚，
四川军阀中的前辈级人物，
曾一度荣登四川督军的宝座。
后无心政事，长期寓居家中，虔心佛学。
其公馆也设在了这北门的佛寺庵堂间。

刘存厚，四川简阳人氏，清末举人，后投笔从戎，入了西川武备学堂，因成绩优异于第二年被选送日本陆军士官学校继续深造，回国后，任云南讲武堂战术教官。1911年，武昌首义，刘存厚以援川滇军总参谋的身份进驻四川叙府、泸州、自贡等地。次年，四川成立军政府，刘存厚所部改编为川军第四师，继续驻扎泸州一带。1916年，刘存厚宣布加入护国军，迎蔡锷军入纳溪，反对袁世凯复辟帝制。但没想到护国战争结束后，入川滇军总参谋长罗佩金、黔军总司令戴戡分别坐上了四川督军和省长的宝座，四川大部陷入滇黔军的掌控之中。滇黔军阀不但大肆搜刮四川境内的赋税银钱，还压制裁减川军，引发川军各部的不满。1917年，刘存厚联络川军各部先后发起了驱逐罗佩金和戴戡的战役，将滇黔军赶出了四川，自己也过了把四川督军瘾。只可惜短短两月后，滇黔靖国联军再度卷土重来，攻入成都，刘存厚见大势已去，只得率部退守陕南汉中一带。重庆镇守使熊克武虽被扶上四川督军兼省长的位置，但实权仍掌握在云南军阀唐继尧的手上。1920年，在第二军军长刘湘的建议下，熊克武请刘存厚回川，联合发动靖川之战，终将滇黔军彻底赶出了四川。靖川之战胜利后，熊、刘二人再为争夺四川督军之位，剑拔弩张，大打出手。1921年3月，军力远不及熊部的刘存厚通电下野，率残部离川逃往陕南宁羌，后任了个川陕边防督办的闲差。

　　几起几落的刘存厚后再无心政事，长期寓居家中，虔心佛学。1949年解放前夕，在老同学阎锡山的帮助下，刘存厚去了台湾，出任总统府的国策顾问。著有《云南光复记》、《护国川军战纪》、《蜀军志》等。1962年在台湾病故，终年八十一岁。

西珠市街老铺房

西珠市街老铺房

西珠市街老铺房

刘存厚公馆

刘存厚公馆

刘公馆外的封火墙

公馆内景

出入旅舍的多是来自
世界各地的背包客

旅舍庭院

唯仁山庄·龙泉山巅的避暑胜地

地址：龙泉驿区龙泉山长松岭　　现状：保存较好，为部队驻地

龙泉山，这座城里人出入最多的休闲度假地。龙泉湖、石经寺、洛带古镇，处处人满为患。赏桃花，摘枇杷，吃农家菜，喝坝坝茶。每逢周末，林间地头都坐满了来自城里的食客。然而，数百万市民年年月月至此，却没有几人登上过龙泉的山巅。在所有人眼里，桃花、果树、农家菜或许就是龙泉的全部。我们不妨走出桃林下的麻将桌，去看看这座大山的顶端。

经过一间间竹篱农舍，穿过一片片桃树林、枇杷林、樱桃林，我们终于上到了龙泉山巅的长松岭。与一人来高的桃树林相较，长松岭俨然是片原始的森林。青石铺设的古道，镌有题记的摩崖石刻，遮天盖日的参天松柏，更有需十人才能合抱的千年古银杏，根盘枝虬。若不是曾经的那场雷击，劈断了古木，这龙泉山顶将会是怎样的景致。还好，若干年后，枯木逢春，再又生出若干新枝来，依然是叶茂蔽天。林木间留出一片空地，生满了杂草，以及一些散落的雕花石构件，这是一处古刹的遗迹，与古银杏同岁，一千四百年。当年唐玄宗李隆基避难成都，登临龙泉山巅的这座古寺，焚香礼佛，并御笔题下了"长松寺"的匾额。只可惜文革一劫，千年长松寺终化为了土石荒烟。卢沟桥事变发生前一年，一位解甲归田的川军巨头回到家乡龙泉，经高人指点，在长松古寺旁造了座避暑的别墅唯仁山庄。

你很难相信在这植满蜜桃枇杷樱桃的花果山上，不是亲眼所见，竟然还生有一片苍茂的密林，古道、摩崖、参天的松柏，更有需十人才能合抱的千年古银杏。

巨头名叫田颂尧，人送外号"田冬瓜"，龙泉驿保和堂药号老板的儿子。自打废了科举，入洋学堂和各类陆军学校成了旧时读书人最好的出路，田颂尧义无反顾地选择了军校。成都陆军小学、南京第四陆军中学、保定陆军军官学校，终一步步走向了军旅生涯。民国元年，田颂尧回到四川，入了川军第四师，跟随刘存厚一路讨伐征战，从一个小小的营长升任至一军之长，占据着以三台为中心，囊括通江、南江、巴中、南部、仪陇、射洪、苍溪、昭化等川北26个县的大片防地，总兵力约六万人。1926底，川军各部易帜，蒋介石以总司令的名义，任命川中诸将为国民革命军各军军长，刘湘、刘文辉、田颂尧、邓锡侯四人因兵力最多，防区最广，被称做川军"四巨头"。其中刘湘驻守重庆，刘文辉、田颂尧、邓锡侯三人合驻成都，这就是四川历史上所谓的"防区时代"。田颂尧驻防三台多年，对当地的建设确实起过不小的作用，公园、体育场、音乐广场、图书馆等公共设施都是在军阀混战的防区时代建成的；组建足球队，开办全民运动会，这在八十多年前的川北也算得上是件新鲜事。

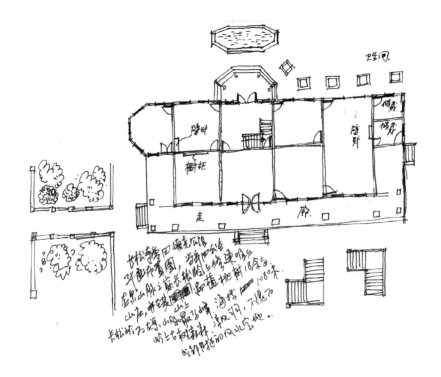

龙泉山巅长松吟；古道盘亘

摩崖石刻

田颂尧亲题"长松山舍"

刘存厚所题"唯仁山庄"

山庄门岗小屋

唯仁山庄

满植桂花的庭院

宽敞的回廊

1935年，因围剿红军失利，田颂尧被蒋委员长免去了一切职务（次年给了个军事参议院上将参议的闲职），从此结束了二十多年的戎马生涯，赋闲成都家中，作了名寓公。第二年便上了龙泉山长松岭，造了他的唯仁山庄。和川军大多将领一样，田颂尧崇信佛教，每日抄经颂佛，禅坐冥思，初十五还得前往文殊、昭觉、宝光、石经等寺院进香礼佛，捐上功德。田颂尧弘法利生，倡导佛学，热心社会公益。抗战期间，变卖田产，捐资数万改善川军装备，捐粮施衣被以解灾民之急需。田颂尧生活严谨，作风正派，与夫人数十年相濡以沫，相敬如宾。对子女的教育尤为严格，如碗里不得剩下一粒米，不准穿皮袄，不准喝酒吸烟，写过字的纸不准乱扔，等等。田颂尧一生最值得后人铭记的，还是办学兴教，他曾资助过的学校、图书馆在此就不一一罗列，仅就树德中学，这所成都家长梦寐以求都想送孩子进去的四川一流高中，就是这位大军阀和另一位军阀孙震共同创办的。1945年，国民政府授田颂尧中将衔。1949年12月，田颂尧随刘文辉、潘文华等在彭县起义。1975年病逝于成都，终年87岁。

田颂尧解甲后，常住唯仁山庄，读书、写字、作诗。当年委员长来成都，召见了田颂尧，问其生活起居情况，田颂尧回道："日惟闭门读书而已。"唯仁山庄依山而筑，阔约六千平方米，主楼上下两层，青砖叠砌，白灰勾缝，走马回廊宽檐方柱，十分敞朗。楼内置大小房间二十余间，门楣窗楣壁炉檐下等精巧处都饰以花草浮雕。楼前楼后广置花圃，庭院遍植桂花。庭院石栏上还嵌有数方碑石，多是当时要员名流所题诗文，其中一方是老上级刘存厚所题"唯仁山庄"四字；一方为田颂尧本人亲书的"长松山舍"。田颂尧好文体，喜藏书，在其山庄上还建有一座图书馆，收藏各类图书约十万册，名曰"万有文库图书馆"。

说到旧时军阀，几十年来几乎千篇一律，拥兵自重、抢夺地盘、横征暴敛、草菅人命、骄奢淫逸……太多的专属形容词来为这群民国军人画像。画来画去，除了名字，都还是一个模样，让我们始终无法真实地看见他们。不如听上一则小故事，旧军阀的眉眼或许多少能见得清晰一些。

一日，田颂尧家中捉到一名盗贼，家人欲拿他问罪，扭送去官府。田颂尧立即将家人止住，不但不送官问罪，反而还拿出十个大洋放盗贼回家，并对家人说道："正值国难，这也是生活逼迫，不得已而为之，多多体谅体谅人家吧！"

李家钰公馆·草履布衫去，马革裹尸还

地址：武侯区文庙后街92号　　现状：保存较好，为一居民宿舍

多少年来，"前赴后继"时时在耳边萦绕。淞沪一役，国军弟兄伤亡二十万，营连排长伤亡三分之二，旅团长伤亡一半。还有毕业于1929至1933年的二万五千名中央军校军官，他们中有一万人阵亡在了1937年的7月至11月，这才让人感受到了什么叫真正的"前赴后继"。抗战八年，三百三十万国军官兵，两百位师级以上的将领都血染沙场，都应了他们出征前的那句话"马革裹尸还"。其中甚至还有两位集团军总司令张自忠和李家钰。

张自忠，三十三集团军总司令，说得多了，家喻户晓。李家钰，三十六集团军总司令，却少有人提及。李家钰，四川蒲江人氏。四川陆军军官学校毕业后入川军服役，因英勇善战、功绩卓著，遂升至团长、旅长、师长。1925年，驻防遂宁、安岳、乐全、潼南一带，人称"遂宁王"。二刘大战期间，李家钰率部万余人进攻刘文辉防区，俘获并处死了作恶多端的刘文辉部旅长石肇武，将其首级运往成都，在少城公园示众三天，大快人心。1936年，川军各部再次整编，李家钰就任第四十七军军长，驻防西昌。

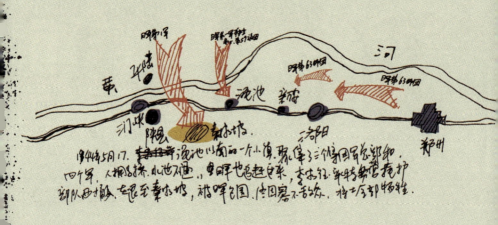

李公馆身处的文庙后街，
本是旧时官绅们雅居的聚落，
后几经分封蚕食，
最后仅遗下了这处老旧的公馆。
初去时正值腊月，院内梅花盛开，香气袭人。

1937年7月，烽火骤起，李家钰立即通电请缨杀敌，并作诗一首："男儿仗剑出四川，不灭倭寇誓不还；埋骨何须桑梓地，人间到处是青山。"9月初，李家钰亲率两个师约一万八千人从西昌出发，开赴前线。单衣草鞋的川军将士步行一千五百余公里，终于12月抵达晋东南前线，布防于太行山区一带。随后的数年间，李家钰率部转战晋东南一带。1939年冬，李家钰升任三十六集团军总司令，统辖三个军七个师的兵力，驻守河南。1944年4月，日军集结十余万重兵，向中国驻军发动了声势浩大的"豫中会战"。由于上层指挥不力，豫西各部在混乱中转移，一路溃败，短短月余，失城38座。李家钰所率三十六集团军因是杂牌，奉命掩护友军后撤。5月21日，转移途中的司令部直属队在河南陕县旗杆岭不幸遭遇日军伏击，李家钰将军当场饮弹身亡，享年53岁，成为继张自忠之后第二个以身殉国的集团军司令官。闻讯赶到的友军悬赏募来五名敢死的士兵，冲上旗杆岭，抢回了李家钰的遗体，连夜运到灵宝县南装殓。6月，民国政府追赠李家钰为陆军上将，入祀忠烈祠，并在成都举行了盛大的国葬出殡式，安葬于成都外南红牌楼。

李家钰将军的公馆位于成都文庙后街，两层的青砖小楼至今尚存。

李家钰兄弟公馆　　地址：方池街22号　　现状：为一化妆品公司

距文庙后街不远处的方池街原是满城内的一条小胡同，因胡同东南有座钟灵坊，故称"钟灵胡同"。入民国后，胡同中凿有一方形大池，便更名为了"方池街"。街上22号据说是李家钰兄弟的公馆。李公馆是座典型的欧式小洋楼，尖顶圆柱，露台门廊，尤其是拱券造型的门窗，雕镂工丽，皆镶有五彩的玻璃。

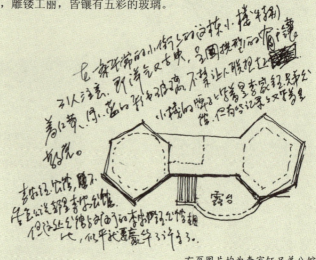

右页图片均为李家钰兄弟公馆

338

刘湘墓·出师未捷身先死

地址：**武侯区南郊公园**　　现状：**存石桥、墓门、旌忠门、四方亭、荐馨堂等遗构**

对于那八年的战事，人们只记得靠弹弓地雷盒子炮赶走日本鬼子的小兵张嘎、李向阳。而对于埋葬三百多万国军抗日官兵忠骨的坟茔墓园纪念碑却少有提及，已有陵墓也破坏殆尽。那些化作尘土飞烟的暂且不说，留有遗迹的，多改作他途。广州新一军印缅阵亡将士公墓，为缅怀远征军而筑，偌大的墓园被割裂得七零八落。墓门一分为二，东门楼更作某部传达室，西门楼隐于服装批发大棚中，纪功亭进了农贸市场，高耸的纪念塔则分为五层，改造成塔前酒店的厕所。川军抗日将领刘湘的墓园算是幸运，主体建筑和格局基本上未遭到大的破坏，仅仅除去匾额、题刻、碑石、雕像、墓冢，再就更了个名称，换了套说辞。

　　四川人生性诙谐，所有书面上的名词、动词、形容词进了川人嘴里再出来，都没了正形，什么"神戳戳"、"惊抓抓"、"疯扯扯"、"旷稀稀"……人名进了嘴再出，更是没了人形，就拿当年曾叱咤风云的旧时军阀来说，个个都有一个或几个绰号，如刘存厚叫"刘厚脸"，田颂尧叫"田冬瓜"，邓锡侯叫"水晶猴"，潘文华叫"潘鹞子"，范绍增叫"范哈儿"，等等。就连这川王刘湘也未能幸免。起初戎马生涯，因敢打敢拼，人送外号"刘莽子"，后来有了自己的地盘和防区，驻巴县（重庆古称）、璧山等地，却又被合驻成都的刘文辉、田颂尧、邓锡侯三人嘲笑为"巴壁虎"。

　　刘文辉与刘湘是叔侄俩，叔叔刘文辉是省主席，驻成都，主政务。侄儿刘湘为善后督办，驻重庆，管军事。但两人谁也管不了谁，谁也服不了谁，一个对川东长江水道的航运垂涎三尺，一个对天府平原的富庶早已是心驰神往。于是在1932年，这大邑安仁刘氏的亲叔侄俩终撕破脸皮，刀兵相向，史称"二刘大战"。次年，叔叔刘文辉兵败，去了西康主政，老侄刘湘当上了四川省主席。历时二十二年、大小四百余战的防区时代也随之宣告结束。过去的二十多年中，川军以兵员素质低、武器装备差且年年混战而恶名昭著，为世人所不耻。但在八年抗战中，川军却以死战血战闻名，以数十万将士的血肉之躯向世人证明了川军的无畏，换取了"无川不成军"的威名。

于大邑安仁镇的刘氏庄园。

末的大邑刘氏本不过是个
着百余亩水田，一个碾房、一座酒坊的殷实富户，
自刘湘投身军旅，
刘氏家族的命运也随之得以改写，
生出达官显宦无数，
素有"三军九旅十八团，营长连长数不清"的说法，
而被誉为"四川第一家族"。

七七事变第二天，川军主帅刘湘即电呈蒋介石，请缨抗倭。因身患疾病，川中官绅都力劝刘湘不必亲征，但刘湘说道："过去打了多年内战，脸面上不甚光彩，今天为国效命，如何可以在后方苟安！"执意亲率川军出川抗日，以血战一赎川军二十年内战的罪过，洗刷川军打内战的恶名。9月7日起，三十万川军分别从川北、川东开赴前线。1938年1月，第七战区司令长官刘湘因胃溃疡复发，在汉口去世，死前留下遗嘱："抗战到底，始终不渝，即敌军一日不退出国境，川军则一日誓不还乡！"此后很长一段时期内，前线川军将士每日升旗时必以此嘱为誓，壮其军威。抗战八年，三百万兵员先后出川，开赴抗战前线，近三十万将士阵亡，其中包括122师师长王铭章、150师师长许国璋、145师师长饶国华、三十六集团军总司令李家钰……

　　1939年9月19日，国民政府为刘湘举行了国葬。殡葬当日，全国降半旗致哀，四川、西康两省禁止一切娱乐活动。成都平原遍设路祭，素车白马，冠盖云集。并出动飞机数十架，低空绕墓盘旋，撒下雪片似的祭文传单。蜀中百姓哭声震天，争相迎送。同为川主，又同为刘氏，人们将刘湘葬在了刘备的惠陵旁。属下为其铸铜像，立于盐市口。

　　1942年，占地八万多平方米的刘湘墓终于完工。这是一座由中国著名建筑大师杨廷宝担纲设计、仿清皇家帝陵而营建的大型墓园，沿中轴线上分列神道碑、石桥、石坊大门、旌忠门、四方亭、多角亭、荐馨堂、墓茔等。神道碑由汉白玉制成，高十米，上镌"刘故上将神道碑"。大门石牌坊为四柱三开间，门前引流水环绕。墓道长约四百米，两侧植有松柏。旌忠门，红垣绿瓦，下辟三券门，正悬林森题额"永念忠勋"，背悬蒋介石题匾"飒爽犹存"。旌忠门左右各有一座碑亭，其中四方碑亭内立《国葬令》碑，多角碑亭内树《褒扬令》碑。荐馨堂即享殿，堂前立刘湘戎装铜像，堂内悬刘湘身着上将礼服的巨幅画像，藻井绘青天白日。荐馨堂后为刘湘墓冢，长方石台，侧面有小门可进入墓室。

　　上世纪五六十年代，刘湘墓辟为南郊公园，人们毁掉了墓园中所有的匾额、题刻、碑石、雕塑、画像，墓冢棺椁也被砸毁，对曾为刘湘墓园一事只字不提，只说是西南地区唯一一座具有北方园林风格的公园。以至于半个多世纪来，成都市民虽日日从石牌坊、旌忠门、荐馨堂下穿过游玩，但终只知南郊公园，不知刘湘墓。直到近些年，人们才重修了墓冢，立上了刻有"刘湘墓"字样的碑石。与刘湘墓经历相同的还有中山公园的饶国华铜像、少城公园的王铭章铜像、盐市口的刘湘铜像、北门的李家钰铜像，以及26万阵亡川军将士纪念碑。四十多年前，那尊身穿短裤草鞋、肩背大刀斗笠、手持刺刀步枪的川军抗日战士铜像竟被人们视为"国民党兵痞"，砸得个稀烂。直到上世纪八十年代才得以重铸，几经迁移，终于2007年重回到最初祭旗誓师出川的集结地人民公园。

川军出川抗日旧影

墓门

旌忠门

旌忠门

碑亭

旌忠门

荐馨堂

刘湘墓 　　343

刘宅·国庙会府旁的省主席宅

地址：青羊区忠烈祠街47号　　现状：为工商银行职工宿舍

前些年成都人丢了自行车，一不去派出所报案，二不去商场买新车，都先去文化公园后的"会府"碰碰运气。会府说好听了，是成都最大的二手自行车交易市场，说不好听则是小偷们销赃的窝子。有运气好的，眼尖的，还真能在自行车堆中找出自己心爱的坐骑。

会府的称谓始于明朝，原是一片名叫"都会府"的宫殿祠宇，殿内悬有一金匾，九龙盘绕，上书"当今皇帝万岁万岁万万岁"。每逢朔望日或国家大典时，成都的地方官员都要来此朝着京师的方向举行朝拜大礼，故又称"皇殿"。八旗入驻成都后，延续了这一旧制，只是改了名称，叫"万寿宫"。民国世界，人们将皇帝太后请下神坛，重新摆上在保路、辛亥义事中牺牲的烈士灵位，取名"忠烈祠"，岁时祭祀。祠前会府东、西、南、北四条大街也分别以"忠烈祠"命名。从明朝到满清、民国，再至今世，六百年间，会府数易其名，但老百姓们始终改不了这个口，仍还叫"会府"。清朝末年，曾专供文武官员落轿驻马的会府大坝前逐渐成了人们淘换旧货的交易市集，什么皮袄、长袍、短褂、旧书、字画、古玩、玉器、陶瓷等大小物件应有尽有，无所不备。直到解放前，这街上做古玩旧货生意的商号还有一百多家。建国后，忠烈祠先后更为省公路局、市交通学校、机关宿舍。旧货市场依然维持了很长一段时间，只不过卖的多是来路不明的二手自行车。

如今的忠烈祠西街上没留下多少旧迹，一堵残墙，一栋卸了顶的老公馆，以及一片写有"刘宅"门额的穿斗大宅。大宅前些年陆续被拆去大半，剩下的院落占地约八百平米，置有门楼、过厅、正房、厢房等若干屋舍。大宅的主人据说也非旁人，正是曾任四川省主席、西康省主席的刘文辉。

说起刘文辉，人们首先想到的是他的五哥"大恶霸地主"刘文彩。刘文彩与其说是一个大地主，不如说是近半个世纪强势宣传教育的代言人。那黄世仁、南霸天、周扒皮三人虽面目可憎，但纯属虚构，尚在文学创作许可范围之内。但这四川大邑安仁镇的刘文彩可就有些冤屈了。断章取义、歪曲事实、胡编乱造、无中生有、添油加醋，凡能使上的伎俩一个没少都用在了刘文彩的身上。"刘善人"，至少大邑的乡人直到今天还是这样称呼刘文彩。其他善事不说，仅耗巨资修建安仁中学（据说是全川师资设备最好的一所中学），设清寒补助金，就已荫及大邑后世子孙万代。当然，办学助教不是刘文彩一人的善行，那是过去千百年来中国官绅的基本德行。仅就四川那些旧时军阀而言，

昔日省主席刘文辉家族的产业，
大宅前些年陆续被拆去大半，
剩下的院落占地约八百平米，
置有门楼、过厅、正房等屋舍若干。

杨森办成都天府中学，刘湘办四川甫澄中学，田颂尧办成都树德中学，王缵绪办重庆巴蜀中学……另外还有刘文彩的六弟、刘湘的堂叔刘文辉。当年中国影像先驱孙明经远赴西康拍摄纪录影片，沿途所见政府的机构官署基本上破烂不堪，就连西康省省政府也朴素得近乎简陋，而大多数校舍却建得高大坚固，便向县长请教："为什么县政府的房子总是不如学校？"县长于是说出了那句让今世无数国人都感慨的一句话："刘主席有令，政府的房子比学校好，县长就地正法。"

刘文辉在兄弟六人中排行老幺，比自己的侄儿刘湘还小了六岁。自打保定陆军军官学校毕业后，刘文辉就备受刘湘的关照，平步青云，短短三年就升为川军第一混成旅旅长。1928年还坐上了四川省主席的宝座，老侄刘湘也升任四川善后督办、二十一军军长，驻防重庆。一个主政务，一个管军事，四川的军政大权完全掌握在这大邑刘氏家族手中。然而这叔侄二人并不齐心，都打着独霸巴蜀的小算盘。1932年，刘文辉、刘湘之间的矛盾终激化到不可调和的地步，大战一即触发。经过一年的战争，叔叔刘文辉战败，兵退雅安，在西康这片偏远贫瘠、藏彝回汉蒙满等多个民族杂居的蛮荒土地上扎下根来。

1939年1月1日，西康省建立，刘文辉出任第一任西康省主席。在成立大会上，刘文辉向全城官员百姓宣布了西康省的建设目标"化边地为腹地"。那时的西康省，上到主席，下到县长，无不勤政节俭，士气昂扬。刘文辉曾对康定师专的学生们说道："你们这些学生，很有希望，很有前途，我们国家很需要你们，你们是我们国家的后起之秀。特别是我们这个康定、康巴地区文化素质比较差，希望你们，好好地学习，把你们的文化程度提高，把你们的知识提高，将来为这个康巴做点贡献。"原本边远的西康，在刘文辉的苦心经营下，逐渐出了些新气象，尤其是那一栋栋高大的校舍，人们似乎已看见了康巴的未来。

1949年12月9日，刘文辉和邓锡侯、潘文华联名发出通电，宣布起义。十年后，刘文彩被塑造成了四川大恶霸地主的典型，为避免尴尬，刘文辉被调至北京任林业部部长。文革期间，一张写有"刘文彩的弟弟还住这种房子"的大字报贴在了刘文辉的家门口，红卫兵们闻讯蜂拥而至，抄了刘家。晚年的刘文辉十分沉默寡言，从不向人谈及自己的家庭，也再没回过家乡大邑安仁镇。1976年，刘文辉因病在北京去世，终年八十二岁。1955年，建省仅16年的西康省也宣布撤销。

刘宅

忠烈祠街待拆的民国建筑

忠烈祠街待拆的民国建筑

忠烈祠街待拆的民国建筑

屋内的壁炉

大邑刘文辉公馆

大邑刘文辉公馆

大邑刘文辉公馆

大邑刘文辉公馆

王氏公馆·将门父子，戎马一生

地点：青羊区金河路63号　现状：保存完好，为军区幼儿园

作为这座城市的东西通衢，金河路上总是那么拥堵，路旁的楼宇也逼得让人喘不过气来。好在柿子巷口透出那么一小片天空，露出一坡乌瓦的尖顶来。这原本是条贯穿整座城市的绿溪，沿岸桃红柳绿、翠竹深隐，溪水清澈洁净，鱼虾游弋。条条石桥印下的桥影，与水畔的河房吊脚楼相映成趣，直至半个多世纪前，水中岸上的风物依然如故。而那座尖顶的西式洋楼，原本也是凭水而居的。

洋楼坐西朝东，上下三层，另有阁楼和地下室。成都现存诸多公馆洋楼中，西人建造的堂馆屋舍，多为迎合当地民众的审美，修得与中国传统官衙府署无二。而那些官宦士绅所建，虽也中西合璧，但更多还是延续着老祖宗的法式。而这栋洋楼却是彻头彻尾的舶来品，方正简洁的门廊，罗马双立柱支撑的露台，开有阁楼烟囱的大坡屋顶，就连窗楣的装饰也是来自异域的几何图式。公馆主人名叫王泽浚，原省主席王缵绪的公子，将门之后。据说王家家资颇为殷实，有黄金千两，房屋地产遍及成渝两地。其中成都筑有公馆2栋，重庆筑有楼屋9栋、240间。这栋公馆听说就是王泽浚于1931年花重金建造的，为当时成都最为新派的建筑。

川军儒将王缵绪

王缵绪，四川西充人，幼时曾跟着一位举人老爷习文读书，以备有朝一日能金榜题名，步入仕途，哪知刚考取秀才那年，朝廷废了科举。王缵绪于是转而投笔从戎，考入四川陆军速成学堂，与刘湘、杨森成了同窗。后排长、连长、营长、团长、师长一路走来，从军之路还算顺利。1925年投至刘湘麾下，并协助刘湘赶跑了刘文辉，立下赫赫战功。王缵绪"喜书法，作绝律，好收藏图籍"，堪为川军儒将，并于1931年出资创办重庆私立巴蜀学校。直到今天，巴蜀中学仍是重庆最好的中学之一。1938年，刘湘去世，王缵绪继任四川省主席，次年又以第二十九集团军总司令的身份奔赴抗日前线，直到1944年才返回四川，任陪都卫戍总司令。王缵绪前线征战多年，所历大小战役无数，其中大洪山一役在军中被传为美谈。那是1940年5月，日军四路重兵围攻湖北大洪山，并派飞机对国军阵地狂轰滥炸，激战二十余日后，所有要隘全部失守。此时王缵绪并未

位于金河路上的王氏公馆，
现楼前庭院成了某酒楼厨房的后院，
楼侧的花园也更为了幼儿园。
楼旁那条蜿蜒流淌的金水河，
也于上世纪七十年代平为了人防工程。

349

因此退出阵地，而是率部围着大洪山与日军周旋，旋磨打圈，又继续作战十余天，延缓了日军西进。军中笑称此战为"大洪山老王推磨"。抗战结束后，王缵绪先后出任武汉行辕副主任、西南长官公署副主任，因与张群不和，闲居成都，观弄书画，吟诗作赋以消遣。1949年12月14日率部起义，曾一度出任省政府参事、省政协委员、省博物馆馆长等职。后有资料称其"谢绝工作，并于1957年携带《宣言》等反革命材料，乘夜偷越国境。当即被边防部队依法逮捕，押回成都"。1960年11月病死在监狱，终年75岁。

身先士卒王泽浚

王泽浚是王缵绪的次子，抗日名将，早年毕业于中央陆军军官学校，后一直跟随父亲四方征战。七七事变后，时任少将旅长的王泽浚请缨抗日，率部出川。武汉会战中，曾两度亲率前锋营，夜袭日寇，夺回失地，截断日军交通线。1944年的长衡会战中，王泽浚升任四十四军军长，指挥三个师，在湖南与日寇作战年余，屡立战功，先后荣获忠勤勋章、胜利勋章。1948年淮海战役，王泽浚在江苏邳县战败被俘。1974年病逝于北京秦城监狱。关于王泽浚的性情品行少有记载，唯有一份以检举材料笔法写下的文字："王泽浚在光天化日之下，可以开着汽车掳掠女性奸淫。其佣人晨扫，惊醒了他，他几脚就把佣人踢死。僚属有违令者，他举枪便打死"、"被他亲手杀死的中共地方干部、红军、解放军官兵、国民党军属以及暴动的饥民，不计其数"、"借故到九龙场视察部队，即将此人杀害，取肝治药以疗母病"、"血债累累……应判处死刑"。

王氏父子二人均戎马一生，征战多年，也算得上是立下功勋的抗日将领，只可惜生不逢时，未能善终，双双死于狱中。

完全以西法营造的王氏公馆　351

肇第·乌墙朱匾，最后的大门楼

地址：青羊区鼓楼南街　现状：仅存大门，内为成都市交通管理局，后整体迁移至文殊坊

近年来，飙车撞人案、醉酒撞人案层出不穷，肇事者往往都自以为身后有权贵撑腰，个个嚣张跋扈，引来社会各界的口诛笔伐。早在八十年前，成都东大街上同样也上演了一场交通肇事案，一个叫花子和一个卖汤圆的小贩当场被撞死。肇事者同样也很嚣张很跋扈，视人命如草芥，但这种触犯众怒的货色最终都不得善终，下场极惨，枭首不说，还将首级挂在公园纪念碑上示众三天，民心大快。甚至有文人作打油诗一首，"狗头何用挂？臭气太熏人，扔进茅坑里，大家屙尿淋"。

肇事者名叫石肇武，刘文辉麾下的警卫旅旅长，虽说不上权高位重，但因心狠手辣，蛮横霸道，士绅百姓无人敢惹。说来也巧，这石旅长的公馆"肇第"如今居然成了市交通管理局的驻地。肇第位于鼓楼南街，一条旧时又称"衣铺街"的老街。除了些零星的老铺房外，街上如今还能叫得出名的故迹尚存两处。一是始建于明初的鼓楼清真寺，据说寺中大殿是成都地区目前构筑最精巧的一座清真大殿，但经两百米平移重建，古寺的神韵我们是丝毫没有看出。另一处就是这肇第门楼了，朱匾乌壁，筑造装饰考究，无疑是这座城市现存最漂亮、保存最完好的一座旧式老门楼。有如此气派的大门，门内的厅堂楼馆屋舍筑选得想必也是极尽富丽奢华之能事。只可惜后来入驻的机构因修建漂亮的水泥盒子，推平了天井庭院，筑起了新楼。对那些上了年头的建筑，今人解决办法无非两种，一是砸，二是拆，如今人们文明了，进步了，又新学了一招乾坤大挪移。于是，肇第门楼被整体拆除，挪至了文殊坊。

352

肇第主人的官位虽算不上显赫，但其府邸却造的是极尽富丽奢华。仅就所存大门门楼就可见一斑。

353

还是说回公馆的主人。石肇武系沐川县人，打小就在街上码头厮混，生性顽劣，坑蒙拐骗抢，没有他不敢干的，长大后招集了一帮弟兄上山当起了棒老二，靠打家劫舍为生，江湖人称"石老幺"。1919年，石肇武被地方军阀招安，当了名连长驻防沐川。次年，石肇武出于江湖义气，报复杀害了除暴安良的新任县长杨文斌，闯下大祸后连忙拉起一支队伍进入大山。后经人引荐，石老幺投至刘文辉的帐下，并凭借一身胆气很快当上了十二团团长。1929年，刘文辉主政四川，成了省主席，石肇武也随即提升为警卫二旅旅长。一人得道，鸡犬升天。石老幺发迹后，什么团长、营长、连长、排长，以及所辖地区的水利局局长、征收局局长、五金局局长等职务都一一委派给了自家的叔伯兄弟老表们。石肇武还从兵士中挑选出一批艺高人胆大的亲信，统一配备德国快枪，组成手枪连，平日就驻扎在鼓楼南街的肇第里。这支装备精良的手枪连，依仗着石肇武的势力，横行霸道，莫说普通百姓，就连其他驻军也不敢随便招惹这支匪气十足的部队。石肇武跟着刘文辉在成都驻防了八年，可说是没捞着什么好名声，欺男霸女，奸淫掳掠，无所不为，人送外号"花花太岁"。

　　当年翼王石达开兵败大渡河，翼王印落入参与围剿的唐家人手中，石肇武听闻后，大言不惭地说自己就是石达开的亲孙子，翼王印应归他石肇武而不是唐家。唐家祖上系四川提督，在成都也是有权有势的豪门大族，还有位在刘文辉手下当师长的本家兄弟，但即是如此，石肇武仍用绑架的方式强夺了翼王印。1932年，刘文辉、刘湘叔侄二人间终拉开阵势，大打出手。次年，石肇武率部退守邛崃城，哪知刚安顿下来，就被李家钰的部下秘密生擒劫走。事后刘湘电令："石肇武罪大恶极，省会城市恨之刺骨。本省顺应舆情，准予就地处决，并枭首示众，以快人心。"石老幺被处决后，其首级被运至成都少城公园，用木笼挂在辛亥保路纪念碑底座台阶的石柱上，示众了三天，成都万人空巷前来观看，人心大快。

鼓楼南街老铺

肇第门楼

肇第门楼

肇第门楼 　355

其他公馆·散落市廛间的昔日老公馆

在这座城市的街头巷尾，还零星散落着好些未来得及拆除的旧式公馆，这些公馆宅第大都修建于民国二三十年代，它们的主人或为某某军阀属下的旅长团长营长，或是从政的小吏、留洋的医生律师。他们的身份和前几位相较，已不再显赫。记载他们的文字更是无从查起，就连住在公馆里的老人也很难说出个子丑寅卯来。

红照壁街公馆　　地址：锦江区红照壁路口

原明蜀王府前横有金水河，河上并置石桥三座，桥南大街故得名"三桥正街"、"三桥南街"。三桥南街尽头立有一照壁，壁呈赭红，俗称"红照壁"。每年官府培修都要在照壁上抹以赭泥，以示皇族尊荣贵贵。壁前辟出大片空地，凡文武官员至此，一律驻轿下马，再经甬道，过金水桥，入皇城。壁北有清时专门处理满汉军民纠纷的理事府。1927年，大照壁被拆除，独存街名，理事府后改为女师附小。解放后改建成四川人民艺术剧院。如今在红照壁街口处仍留有一小片老旧的公馆，馆内住户多已搬走，堂屋厢房也拆除大半，唯留下一座塑有精美雕饰的大门门楼。

南大街公馆　　地址：锦江区南大街

南大街是进出成都南门的主要通衢，内接红照壁，外通南大门、万里桥。成都人郊游踏春多从此门而出，西行可至百花潭、青羊宫、浣花溪、杜甫草堂；南行可至张爷庙、关帝祠、惠陵、武侯祠；东行可至昔日的皇家御苑，以及后世的华西坝。南大街后分为上、中、下三段，沿街商号店铺自是接栋连檐，这军政官绅兴建的公馆洋房也是比邻而居。下南大街15号是栋即将待拆的老公馆，一楼一底，青砖乌瓦，虽还有住户，但聊的却都是关于最后期限的话题。

东桂街公馆　　地址：锦江区东桂街

位于东桂街的这片老公馆已拆除大半，仅存大门门楼和围墙。若这等规制派头的公馆大门放在昔日的国都南京，定令阎锡山、白崇禧、汤恩伯、陈诚等党国高官们汗颜。一打听，结果是一小小川军团长的官邸。

解放路公馆　　地址：成华区解放路二段105号

解放路二段原名"簸箕街"，说是因街旁有状如簸箕的大石而得名。105号老屋据说也是一国军军官的住宅。但时过境迁，物是人非，门额上已嵌了大大的红五角星，以及一个写得极为嚣张的"拆"字。

蜀华街公馆　　地址：青羊区蜀华街

少城公园周边的文庙后街、汪家拐、君平街、方池街、蜀华街一带都是公馆较为密集的区域，如集团军总司令李家钰、世人尽知的大地主典型刘文彩等都居住在这一带。蜀华街上尚存有一栋民国时的两层小楼。小楼不大，但其用料做工极为讲究，时隔八十余年，其砖壁、檐口，以及木制的勾栏、窗棂等几乎没有什么破损。据说是一傅姓医生的寓所。

于红照壁街口处的一片老宅院，
内住户多已搬走，
屋厢房也被拆除大半，
留下这座塑有精美雕饰的大门门楼。

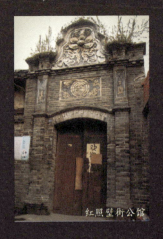

红照壁街公馆

公馆内景

公馆内景

南大街15号公馆

南大街15号公馆

南大街15号公馆

东桂街公馆

东桂街公馆

解放路二段105号公馆

公馆内景

蜀华街公馆

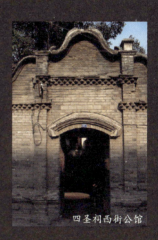

四圣祠西街公馆

隆兴街公馆

隆兴街公馆

隆兴街公馆

后记
藏着的城市 彭 弢

初涉一地，我们往往有一种新鲜的感受。其风土人情，经过一番独特的内心体味，便有了初悟，活泼泼的，只是还不太具体。倘能小住几日，行游一番，感觉自然会细腻些：民风怎样、建筑特色如何、历史文脉是否传承有序……其中大体，或不难领会的。此刻，如初试佳茗，尚未品味入微，虽得唇齿留香，到底浅淡了些。

一座优美的、深具文化积淀的城市，是岁月的佳构，值得细细品读，且须颇费些时日才能读懂。

人说，居住越久越能懂这城市，此话有理。但细究，不尽然的。常见有人卜居一地数十载，阅尽沧桑却"熟视无睹"，成了久住的过客，到底没有主人的心情。他们于这城市，很难说真懂的。那么，怎样才能悟得三昧呢？国画大师陈子庄先生曾言，观山须"静"，游山须"情"，方能得山之"神"。体悟山水的神气与品味城市的内韵，颇有相合之处，就在"情""静"二字。

本书的作者，对这点深有领悟。他们和许多人一样，在一座城市生活了数十年，所不同的，正是他们兼有静心与真情。心静才能洞察幽微，有情才能物我两忘，与这城市神会。他们常感叹，这城市变化太快，快得那样匆忙，以至于岁月所精心雕琢的细节正迅速地消逝，零落成泥碾作尘，不多时，便泯灭无痕了。好在城市的文脉是极富生机的，尤其是这样历经岁月陶铸的古都！她将自己的"神"蕴藏在钢筋水泥的丛林之中。为此，他们寻踪觅迹，开始了历时多年充满叹息与惊喜的寻城之旅。一口枯井、一块老匾、一道残垣、一所教堂、一座古庙……他们在每一个细节恭听岁月的消息，他们的心绪，随那些故物的境遇或喜或忧。

二〇〇五年十二月

图书在版编目(CIP)数据

寻城记·成都/田飞，李果著. —北京:商务印书馆，2014
（2019.5重印）
（城市家园读本）
ISBN 978－7－100－10253－7

I.①寻…　II.①田…②李…　III.①旅游指南—成都市
IV.①K928.9

中国版本图书馆 CIP 数据核字(2013)第 201710 号

寻城记·成都

田飞　李果　著

商 务 印 书 馆 出 版
（北京王府井大街36号　邮政编码100710）
商 务 印 书 馆 发 行
北京中科印刷有限公司印刷
ISBN　978－7－100－10253－7

2014年1月第1版　　　　开本880×1260　1/32
2019年5月北京第3次印刷　印张11¾　插页1

定价：55.00元